¿Quién quitó los pernos?
El desplome de la Línea 12 del Metro

FERNANDO COCA MENESES

ÍNDICE

Para Amparo, Fernando y Paulina.
Con amor, mucho amor.

Siempre agradecido con Francisco García Ambriz,
por sus consejos y apoyo incondicional.

A Doña Hilda Gutiérrez, viuda de Michaus,
por cada día en el que me hizo sentir parte de su familia.

Gracias a Felipe Medina Santos, quien me rescató
en uno de los momentos más difíciles de mi vida y por su
amistad permanente.

Mil gracias a Lourdes Esquivel, Mary Fer Centeno
e Iván González,
cómplices en esta nueva aventura.

PRÓLOGO

Muerte… mentiras… falta de mantenimiento.

Estas tres palabras explican lo que sucedió el lunes 3 de mayo de 2021.

Fueron 26 personas las que *murieron* ese día por el desplome de la Línea 12 del Metro de la CDMX. Son 26 familias las que vivirán la ausencia de uno de los suyos para siempre.

Durante años, las *mentiras* en torno a la Línea 12 del Metro fueron la cortina de humo para esconder ineptitud, irresponsabilidad y, sobre todo, ambiciones políticas.

Como lo vengo señalando desde 2014, el *mantenimiento* es la causa principal en el cierre de la Línea 12 y, por ende, la causa-raíz y principal del desplome lamentable del 3 de mayo de 2021.

La política siempre se encuentra con el punto, el momento, la decisión que marca sus límites éticos. ¿El fin justifica los medios? Hoy tenemos que preguntarnos qué medios dejaron de ser practicables por inaceptables, en la era de la transparencia total.

El caso de la jefa de Gobierno de la Ciudad de México, Claudia Sheinbaum, quien se encuentra enredada por el desplome de un tramo de la Línea 12, pone en entredicho sus aspiraciones presidenciales. Ella contrató a la prestigiada empresa noruega DNV (Det Norske Veritas) para elaborar el dictamen de lo ocurrido.

DNV presentó dos avances preliminares, uno el 16 de junio y otro el 8 de septiembre de 2021. Sin embargo, el definitivo, aquel que presentaría las "causas-raíz", que debía presentarse en septiembre, se retrasó ocho meses y el Gobierno de la Ciudad no lo había querido recibir.

Hoy sabemos que la razón de la dilación es que Sheinbaum no aceptó las conclusiones de los técnicos, específicamente aquella que señala la falta de mantenimiento como una de las determinantes del accidente que le costó la vida a 26 ciudadanos.

Confrontada con la verdad —costosa porque la hace corresponsable del accidente, además del engaño a los habitantes de la CDMX al no aceptar el reporte técnico final—, prefirió desprestigiar a la empresa que ella misma calificó como solvente, confiable y fuera de cualquier conflicto de interés. Así lo reportó *El Financiero*, quien dio cuenta de que DNV concluyó en septiembre que el mantenimiento y otras tres causas provocaron el desplome.

Pero los reportes de DNV que finalmente se conocieron no estuvieron completos. El Gobierno de la capital mexicana solo nos informó lo que, a ella, la jefa de Gobierno le convenía.

Llegó a la encrucijada y decidió. Optó por el camino falso.

Esperábamos otra conducta porque la jefa de Gobierno se presenta como la candidata inevitable y única de un movimiento cuya esencia es la promesa de no mentir, no robar y no traicionar; se falta a la verdad.

No mentir es el apego a la verdad en toda circunstancia.

En lugar de asumir su responsabilidad por el abandono del Metro, y en particular de la Línea 12, así como la ausencia de la directora del Metro —Florencia Serranía— y de la Secretaría de Obras entre 2019 y 2020, la jefa de Gobierno promovió, y sostuvo a toda costa, la versión de que la falta de pernos y errores en la construcción habían sido la causa del desplome.

En la conferencia de prensa del 8 de septiembre de 2021, Claudia Sheinbaum señaló que "el mantenimiento de la Línea

12 no representó causa alguna del accidente". Fue más lejos, dijo confiar "en la empresa DNV por la reputación que tiene".[1]

Hoy, sabemos que el Gobierno de la Ciudad de México presionó a DNV para eliminar de sus dictámenes el mantenimiento. Así lo publicó el 16 de junio de 2021 *El Financiero*, en la que el diario da cuenta de que el mantenimiento fue eliminado de los resultados presentados como Primera Fase de las investigaciones de los noruegos.[2]

Esa línea llevó al Gobierno de la Ciudad a no recibir el informe final, y en lugar de ello, afirmó que DNV "incumplió la fecha de entrega de su tercer informe programado para el 31 de diciembre pasado" cuando ella, la jefa de Gobierno, sabía perfectamente que el informe se había entregado desde el 21 de diciembre. Su administración decidió sencillamente no recibirlo porque identifica como "causa-raíz" la falta de mantenimiento y la acción oportuna para actuar antes del desplome.

Mintió. ¿Qué dirán de eso en Morena? ¿Qué opinarán los ciudadanos que ven en ella a su posible candidata?

Eligió y se equivocó. Es muy difícil ocultar cuando hay un peritaje técnico de por medio. Y más, cuando quien realiza ese peritaje se sostiene por su larga carrera de credibilidad.

La jefa de Gobierno reconoció que había una discrepancia con DNV por el tema del mantenimiento. Declaró en una entrevista, durante una gira por Xochimilco, que "así como en el primero y el segundo reporte se encontró mucha solidez,

---

[1] Claudia Sáenz Guzmán, "Es categórico dictamen de DNV; mantenimiento de Línea 12 no es causa del colapso: Sheinbaum", *Capital 21* (8 de septiembre de 2021), <www.capital21.cdmx.gob.mx/noticias/?p=26536>.

[2] David Saúl Vela y Ignacio Alzaga, "Peritaje Línea 12: suprimen de 'última hora' el tema del mantenimiento", *El Financiero* (17 de junio de 2021), <https://www.elfinanciero.com.mx/nacional/2021/06/17/peritaje-linea-12-suprimen-de-ultima-hora-el-tema-del-mantenimiento/>.

en el tercero la Secretaría de Protección Civil ha encontrado muchas fallas que no corresponden a la metodología original... se está a tiempo de hacer observaciones y, además, pues salió este abogado que hizo un litigio contra el presidente López Obrador en el 2012. Después trabajó en el sexenio pasado, trabajó en su momento en el Estado de México y se está valorando el posible conflicto de interés que haya con ese tema".

Héctor Salomón Galindo Alvarado es el abogado al que Sheinbaum acusa de provocar el conflicto de interés en DNV. Pero es más un chivo expiatorio que la jefa de Gobierno quiere usar para no reconocer que la falta de mantenimiento en el Metro provocó la tragedia del 3 de mayo. Un distractor más.

La discrepancia es que en el primer informe técnico que presentó DNV, el gobierno de la capital pudo eliminar fácilmente el contenido que señalaba el pandeo lateral-torsional de las vigas de acero, la trituración de la losa de concreto, la influencia de cargas por el sistema de ferrocarril y la falta de mantenimiento de infraestructura.

Mientras DNV habló de falta de pernos, todo bien con DNV. Y una vez que revela que su peritaje se relaciona a la falta de mantenimiento como causa-raíz, DNV dejó de ser una empresa confiable y prestigiada.

Nos mintieron, pero no para siempre. A lo largo de estas páginas, se irá revisando la información pública que se encontró en diarios, revistas, noticieros de radio y televisión, así como en las cuentas de redes sociales del Gobierno de la Ciudad y de la jefa de Gobierno.

Así entenderemos por qué ese tercer informe fue rechazado y todo quedó, una vez más, en una argumentación errónea —y tramposa— sobre la causa-raíz del fatídico desplome de la Línea 12.

Y mientras tanto, ¿quién hace justicia a las familias de los 26 fallecidos y los más de cien heridos por este lamentable y evitable accidente?

I. Primeras reacciones

Lunes 3 de mayo de 2021 (22.22 horas). La Ciudad de México se encontraba en calma. El Metro estaba a minutos de cerrar un día más de operaciones. En el suroriente de la capital del país ocurría una tragedia: la Línea 12 del Sistema de Transporte Colectivo se derrumbó.

Murieron 26 personas y más de cien heridas.

Era la desgracia más lamentable en los más de 50 años de operación del Metro. Una parte de la Línea 12, con solo 9 años de operación, se había precipitado al suelo.

La tragedia fue considerada por la jefa de Gobierno, Claudia Sheinbaum, como un incidente. Minimizó el accidente del Metro y a sus víctimas fatales. La jefa de Gobierno estaba en serios predicamentos por la magnitud de los hechos.

Sí, Sheinbaum se apersonó en el lugar del desplome apenas se enteró de lo acontecido. Ahí, en avenida Tláhuac, la jefa de Gobierno fue cuestionada sobre las causas de derrumbe y respondía que era prematuro informar eso, pero afirmó que "el año pasado, hubo una revisión de la estructura, pero... pues, tenemos que hacer la investigación qué fue lo que provocó esta situación".[1]

---

[1] "Políticos lamentan accidente en el Metro de la CDMX y exigen investigación", *Expansión Política* (4 de mayo de 2021), <https://politica.expansion.mx/cdmx/2021/05/04/politicos-lamentan-accidente-en-el-metro-de-la-cdmx-y-exigen-investigacion>.

Pocas horas después del derrumbe, en Palacio Nacional, Claudia Sheinbaum comenzó a deslindarse de la tragedia.

En la conferencia mañanera del martes 4 de mayo de 2021 encabezada por el presidente Andrés Manuel López Obrador, Sheinbaum volvió a calificar de incidente la tragedia. Demacrada y vestida de negro dijo: "estamos buscando una empresa internacional con certificado tanto en Metro como en asuntos estructurales para que haga un peritaje técnico externo y que podamos llegar a las causas de este *lamentable incidente*".

A pesar de su llamado a no especular, y una vez que reconoció que su gobierno había realizado hacía un año una revisión de la estructura de la Línea 12 y que no había encontrado ninguna falla, respondía así a las preguntas de los reporteros:

- Claudia Sheinbaum (CS): Se hizo una revisión estructural el año pasado, que también vamos a dar a conocer...
- Reportero (R): Se había señalado que había problemas de estructuración [*sic*] y denuncia de fallas, ¿por qué no se atendió a tiempo esto o qué se hizo al respecto?
- CS: Todos los días se lleva a cabo un proceso de mantenimiento en la Línea 12, eh… en distintos lugares. *Se hizo una revisión estructural el año pasado que también vamos a dar a conocer, pero…*
- R: ¿Exactamente en ese punto se hizo la revisión estructural?
- CS: En toda la línea. En toda la línea, y creo que no debemos especular y por eso mismo hay un peritaje de la Fiscalía General de Justicia y por eso mismo también se *va a solicitar el peritaje externo para que sepamos toda la verdad y dar a conocer todo lo que paso y cuáles fueron las causas.*
- R: ¿Y esos peritajes qué arrojaron en ese punto?

- CS: Perdón…
- R: Esos peritajes que dice usted que se hicieron, esas revisiones, ¿no advirtieron el peligro ahí, exactamente?
- CS: No. Si hubiera habido algún hundimiento, alguna cosa, de inmediato se reporta, como fue hace poco la línea 9, por ejemplo, que hubo todas las reparaciones. Pero creo que, responsablemente, hay que saber las causas y por eso estos peritajes y pues, pedimos que por el momento esperemos estos peritajes antes de especular qué pasó dar en este momento la ayuda a todas las víctimas.
- R: ¡Pero hay muertos! Quisiera preguntarle si en este punto concreto del accidente ¿no es falta de mantenimiento que puede existir algún conflicto en el tráfico y el manejo de los trenes?
- CS: Todos los días se da mantenimiento y revisión, pero hay que esperar el peritaje. Y el peritaje va a decirnos exactamente qué pasó.
- R: ¿Cuál es su posición a parte de esperar?
- CS: Mi posición es que hay que esperar a saber cuáles fueron las causas que provocaron este incidente. Este lamentable incidente. *Y que para ello necesitamos expertos, tanto de la Fiscalía General de Justicia, como de una entidad externa, imparcial, que haga el peritaje y todos los estudios y que haya la investigación que se tenga que hacer y también llegar a la verdad en esta situación.*
- Reportero 2 (R2): Señala que se ha dado mantenimiento a todas las líneas del Metro y en particular a esta línea, ¿quiere decir, entonces, que ha fracasado este mantenimiento por lo que vimos anoche?
- CS: No podemos decir nada hasta que no tengamos los peritajes. Es la responsabilidad que tenemos. Especular

exactamente qué paso, no nos ayuda a nadie, y por eso precisamente estamos buscando el peritaje de la fiscalía y un peritaje externo, que nos pueda decir exactamente cuáles fueron las causas.

- R2: ¿Pero no es evidente la falla? Habla usted de revisiones, incluso diarias, pero a la luz de este accidente no podrías señalar que es una falla, un fracaso...

- CS: Lo que ocurrió fue una caída de una trabe. En esta zona. Las causas de la caída de esta trabe, pues tenemos que conocerlas a través de un peritaje.

- R2: Preguntarle también si ya hay personas cesadas ya de su gobierno, no sé si la directora del Metro, el encargado del mantenimiento y ¿hasta dónde llegaría esta investigación? Desde ayer se trae a cuento que esta línea se construyó durante la gestión del actual canciller, Marcelo Ebrard, esta investigación ¿llegaría también al actual canciller?

- CS: Todo lo que se tenga que saber. *Siempre la ciudadanía, el pueblo tiene derecho a saber la verdad.* Y nosotros estamos comprometidos con ella. Así que, por eso justamente, se está buscando un peritaje externo y saber cuáles fueron las causas de este incidente, donde lamentablemente, hasta este momento 23 personas perdieron la vida.

- R2: ¿No hay personas cesadas todavía?

- CS: Hasta que no se haga un peritaje y una revisión que diga exactamente qué ocurrió.

- R2: A la luz de los acontecimientos, ¿no tendría que haber un tipo de responsabilidad desde este momento, independientemente de los peritajes?

- CS: Tenemos que saber cuáles fueron las causas. Para saber exactamente quiénes son los responsables.

En esa misma conferencia, el canciller Marcelo Ebrard respondió a las versiones que hablaban de una falla en la construcción de la Línea 12. A diferencia de la jefa de Gobierno, Marcelo Ebrard no rehuyó a responder directamente al cuestionamiento.

- Marcelo Ebrard: Primero. Es el más terrible accidente que hayamos tenido en el Sistema de Transporte Colectivo y lo primero que hay que hacer es solidarizarse con las víctimas de esto. Es un día muy triste para la Ciudad de México y para todos. Lo segundo. Decir, mucho se podría comentar, pero déjeme ir a la esencia: *yo comparto la indignación que hay; celebro la posición que tiene la jefa de Gobierno, que es esencialmente esclarecer que ocurrió y, segundo, cuando esclareces qué ocurrió con pruebas, con elementos, pues establecer qué responsabilidades hay.* De quienes tengan responsabilidad. Y que se actúe en consecuencia. No importa quién sea. Y de mi parte, también lo señalé el día de ayer, ponerme a la entera disposición de la autoridad o las autoridades correspondientes, como siempre lo he hecho. A entera disposición. Todo lo que sea necesario. Entiendo que hay muchas motivaciones de orden político, pero lo que importa son las tres cosas que acabo de decir: respeto a las familias y a quienes fueron afectados, les manifiesto mis condolencias, mi solidaridad personal, sincera. Compartir la indignación de la sociedad por lo acaecido. Y tercero, ponerme a disposición de las autoridades en todo lo que sea necesario, para esclarecer y para que determine las responsabilidades a que haya lugar. Aquí estoy a la orden. Como siempre.

De lo que dijo Claudia Sheinbaum ese día, varias cosas no ocurrieron.

Primero, luego de la conferencia de prensa en Palacio Nacional, comenzó la especulación, propiciada desde la sede del gobierno de la Ciudad de México, sobre que la falla era atribuible a fallas en la construcción, y que CICSA (Carso Infraestructura y Construcciones S. A.) tenía responsabilidad por no haber realizado la obra civil a conciencia.

Se intentó desviar la atención sobre Florencia Serranía, directora del Metro, y durante mucho tiempo también responsable del mantenimiento del Sistema, como lo afirmó días antes.

Sin duda, las baterías de los *cerebros* de la comunicación política de la jefa de Gobierno se lanzaron contra Marcelo Ebrard, pensaron que podían reeditar el linchamiento mediático en contra de Ebrard, como sucedió en 2014.

Los asesores del Antiguo Palacio del Ayuntamiento pensaban usar aquello de que la calumnia, "cuando no mancha, tizna". Al fin que el camino ya estaba andado. En el gobierno de Miguel Ángel Mancera habían usado la estrategia de culpar a Ebrard del cierre de la Línea 12 bajo el argumento de que la obra estaba mal construida. Pero esa estrategia le falló a Mancera al comprobarse la falta de mantenimiento que él y su director del Metro, Joel Ortega, no le dieron ni a la Línea 12 del Metro ni al resto de las líneas que componen el Sistema de Trasporte Colectivo-Metro.

Para los usuarios de la Línea 12, para los trabajadores del Metro de la Ciudad de México, para los vecinos del viaducto elevado de la Línea Dorada algo quedaba en claro: desde 2015, el deterioro de la parte aérea de este sistema de transporte venía presentando fallas que fueron documentadas con videos y fotografías, y nadie en el Metro o en el Gobierno de la Ciudad hizo nada.

Desde 2014, los gobiernos de Mancera y Sheinbaum no dieron cuenta de la operación y del mantenimiento de la Línea 12, desde su puesta en marcha hasta el día del desplome. La caída de la trabe de la interestación Los Olivos-Tezonco evidenció que el proceso de mantenimiento era inexistente.

Ése ha sido mi argumento desde el momento mismo en que cerraron por primera vez la Línea 12 del Metro en 2014. Cerraron porque no le dieron mantenimiento, aseguré.

Hoy, 26 familias ya no están completas. Un centenar de personas viven con secuelas por su experiencia, amarga y cruel, en el desplomen de la trabe.

Pero, para la jefa de Gobierno fue un solo incidente.

2. El dictamen de DNV.
Entre los pernos y el mantenimiento

Pernos, pernos, pernos… para el gobierno de Claudia Sheinbaum la presunta falta de pernos Nelson es la causa por la que la Línea 12 del Metro se desplomó.

Desde la publicación del reportaje en *The New York Times* (NYT) del 13 de junio de 2021, los funcionarios del Gobierno de la Ciudad de México comenzaron a usar el argumento del periódico, los "graves fallos de construcción del Metro parecen haber causado directamente el colapso".

Además, NYT señaló a los presuntos causantes de la tragedia: Marcelo Ebrard, canciller de México y jefe de Gobierno, en cuyo mandato se construyó la Línea 12, y Carlos Slim, dueño de Carso Infraestructura y Construcción, la empresa que edificó el tramo desplomado.

El periódico también señaló que la falta de pernos y una deficiente soldadura de éstos fueron los causantes de la tragedia. Aseguró que su estudio se basó en miles de fotografías tomadas desde el primer momento en la zona cero. Por desgracia para el NYT, la Fiscalía General de Justicia de la Ciudad de México desmintió, al día siguiente de la publicación del reportaje, que personal ajeno a los funcionarios autorizados para estar en esa zona hubiesen tenido acceso al lugar del desplome. Entonces, ¿quién les filtró la información?

Sin embargo, NYT ilustró con gráficos animados las presuntas fallas de construcción detectadas por sus ingenieros expertos, personas que participaron en la construcción de la obra y otras tantas relacionadas con el proceso de edificación del viaducto elevado.

Para esclarecer la tragedia, la administración de Claudia Sheinbaum contrató a Det Nosrke Veritas (DNV), una empresa fundada en Noruega en 1864.

Esta empresa se encargó de realizar una investigación técnica del desplome de la Línea 12 del Metro, además de realizar el análisis causa-raíz de la caída de las trabes de la interestación Los Olivos-Tezonco.

El contrato corrió a cargo de la Secretaría de Gestión Integral de Riesgos y Protección Civil del Gobierno de la Ciudad de México y, desde el martes 4 de marzo, un día después del desplome, ya estaba trabajando con sus ingenieros y expertos en la zona del desastre, aún sin tener firmado un contrato.

Esto nos lleva a suponer que los expertos de DNV y los reporteros de NYT coincidieron en la zona cero e intercambiaron información.

Sus conclusiones son muy parecidas y no porque sus hallazgos sean los que realmente provocaron la ruptura de la trabe, sino porque no incluyeron datos relevantes en sus resultados, como las bitácoras de operación y mantenimiento, al menos en los preliminares que DNV entregó al Gobierno de la Ciudad.

Entre la administración de la capital del país y DNV se firmó un contrato que no correspondía a la promesa de Claudia Sheinbaum respecto a que cada paso de la investigación sería transparente.

DNV impuso una cláusula en la que la información derivada de su investigación podría ser:

A. Abierto. Una distribución sin restricción, interna y externa.
B. Interno. Documento solo de DNV.
C. Confidencial. Distribución dentro de DNV conforme al contrato aplicable.
D. Secreto. Solo acceso autorizado.

La primera fase de la investigación técnica tuvo un detalle que hoy es clave para entender cómo se ha comportado el gobierno de Sheinbaum, y el trato que le ha dado a la empresa, con el paso de los meses.

El 16 de junio de 2021, Claudia Sheinbaum y su equipo dieron una conferencia de prensa. Ahí se presentaron los primeros resultados de los estudios realizados por DNV. Su director en México, Eckhard Hinrichsen, dijo que el reporte que entregarían tenía tres fases, en loa que informarían las actividades de sus expertos desde el momento en que fueron contratados.

Eckhard afirmó que esa *primera entrega era preliminar y que no tenía resultados finales.*

Dijo que seguían investigando en varios frentes y puso fecha para la entrega *del segundo reporte, el 14 de julio mientras que el reporte de la fase 3 sería entregado el 30 de agosto del 2021.*

No habló más.

El secretario de Obras de la CDMX, Jesús Esteva, tomó el control de la conferencia de prensa y aseguró que los funcionarios de DNV, por políticas internas de la empresa "no leen el informe y en este caso yo voy a dar lectura a tres puntos del informe".

Solo a tres puntos del informe. No a todo el informe.

Desde las primeras horas del derrumbe, se cuestionó al Gobierno capitalino si la tragedia no era producto de una falla provocada por la falta de mantenimiento de la Línea 12 del Metro. La respuesta del secretario Esteva siempre fue no, que el mantenimiento se había realizado completamente.

Esteva leyó los tres puntos del informe que, casualmente, coincidían con los resultados publicados por el NYT días antes.

El punto 5 de la fase 1 del reporte de DNV establecía, según la lectura del secretario Esteva, "Se observa el desplazamiento de las trabes, el cual permitió observar concretos diferentes y algunos de los pernos desoldados de las trabes, estos pernos denotan una deficiencia en el proceso de soldadura aplicado. Además, se observan diferentes puntos de concreto de la tableta, presumiblemente debido a la posición por diseño de pernos y modificación en condiciones de campo".

Los resultados de la primera fase no fueron transparentes y eso lo permitió DNV.

Cuando el gobierno de Claudia Sheinbaum determinó que solo se dieran a conocer los puntos de la investigación que, a su interés político convenía, DNV guardó silencio, dejó correr la versión sobre la falta de pernos como la causa única del accidente.

En la página 29 del informe presentado por DNV al gobierno de Sheinbaum, en su versión en inglés, la empresa señala las líneas de investigación que habría de seguir para llegar a la causa-raíz del desplome.

Primera: Pandeo lateral-torsional de las vigas de acero.
Segunda: El aplastamiento de la losa de concreto a mitad del tramo.
Tercera: La influencia de la carga estática/dinámica del sistema ferroviario.

Cuarta: Falta de mantenimiento de la infraestructura de la obra civil.

Quinta: Deficiencias potenciales en el diseño de varias estructuras.

Detengámonos en la cuarta línea de investigación de DNV, la falta de mantenimiento de la infraestructura de la obra civil.

DNV señala que esa línea de investigación "se refiere a un potencial déficit en el mantenimiento de los elementos de la obra civil: componentes del subsistema de infraestructura que proporcionan la base para los componentes de vías permanentes (como balastro, durmientes, fijaciones de rieles, rieles, aparatos de vías), componentes de lado de la vía, componentes aéreos de la vía y material rodante. Los componentes de la infraestructura incluyen: columnas, puente de concreto, vigas metálicas, etc. (Bajo investigación. Se proporcionarán detalles en su debido tiempo)".

Pues bien, hay que decir que el balastro, los rieles, las fijaciones de los rieles y los durmientes incrementaron su peso original.

Systra, la empresa contratada por Miguel Ángel Mancera para diagnosticar el estado de la Línea 12, había definido el cambio de algunos de estos componentes, pero también recomendó no incrementar un kilo más de peso al viaducto elevado.

Hagamos una ecuación. Entre más peso a la parte elevada de la Línea 12 del Metro y la falta de mantenimiento, el resultado es una tragedia que se registró el 3 de mayo de 2021 pasadas las 10 de la noche, es decir: + peso − mantenimiento = derrumbe.

El Gobierno negó que el tema de mantenimiento hubiese sido eliminado de la relatoría del secretario Esteva, sin embargo, solo leyeron los puntos 5, 6 y 7 del dictamen de DNV.

Sin duda, el punto 8 tendría repercusiones en el Gobierno de la capital, en particular sobre la actuación de la directora general del Metro y, al mismo tiempo, gerente de Mantenimiento, Florencia Serranía, y, de manera particular, para las aspiraciones presidenciales de Claudia Sheinbaum.

Había que desterrar de la narrativa el tema del mantenimiento.

Con lo que no contaron es que, desde 2014, cuando se anunció el primer cierre de la Línea 12 y luego de la publicación de *Línea Dorada, los lobos al acecho. ¿Quién ordenó cerrarla?*, el tema del mantenimiento estuvo presente por una simple razón: la Línea 12 no tuvo el mantenimiento debido y por eso se colapsó, provocando una tragedia.

DNV se comprometió a entregar tres informes de su investigación. La segunda fase se tendría que haber entregado el 14 de julio; no sucedió así. Según el gobierno de Sheinbaum, DNV había pedido una prórroga para entregarlo el 23 de agosto, pero tampoco hubo informe en esa fecha.

El 7 de septiembre, DNV presentó su reporte.

Ratificó que "Los resultados de los análisis indicaron que el colapso ocurrió como resultado del pandeo de la vigas norte y sur facilitada por la falta de pernos funcionales en una longitud significativa lo que causó que parte del tramo elevado perdiera su estructura compuesta".

El resultado entregado por DNV de nueva cuenta fue leído por el secretario de Obras, Jesús Esteva, en una conferencia de prensa en la que no se permitieron preguntas.

No querían responder a la pregunta que desde el primer momento se hizo la gente, los usuarios y los vecinos de la Línea 12 del Metro: ¿y el mantenimiento?

También, en esa conferencia de prensa, se descartó que el terremoto de septiembre de 2017 hubiera contribuido a la tragedia. Tampoco las condiciones geológicas habían contribuido en el desplome.

Entre los hallazgos de DNV se encontró que la estructura que se derrumbó ya estaba dañada antes del 2017.

Incluso, los expertos de la empresa noruega hicieron referencia a los estudios que el gobierno de la ciudad realizó con drones en 2019, en los cuales ya se notaban deflexiones importantes en las vigas que perdieron su elasticidad y cayeron al suelo.

Lo que no aparece en los informes de DNV es la sobrecarga que le habían impuesto al viaducto elevado como factor del desplome. Y del mantenimiento, ni que decir.

Del plan que DNV presentó, punto 8, quinto inciso, nadie habló. DNV dejó pasar de nueva cuenta una oportunidad para dar certezas, no al Gobierno de la Ciudad de México, que es quien le paga, y que estaba muy contento con la confirmación de que el derrumbe que le costó la vida a 26 personas se debía a la presunta falta de pernos.

DNV dejó sin certezas a las familias de esos 26 ciudadanos que murieron a causa de una falla provocada por la falta de mantenimiento del viaducto elevado y el sobrepeso que le impusieron después del cierre entre 2014-2015.

El informe final de DNV no quiso ser recibido por el gobierno de Claudia Sheinbaum. El 23 de diciembre la empresa noruega buscó entregarlo, pero al señalar que la falta de mantenimiento es parte de la causa-raíz, no fue recibido.

En el reporte, en su fase 3, DNV se comprometió a entregar el análisis de causa-raíz que provocó el derrumbe. En ese reporte, se determinarían los controles, sistemas, prácticas y procedimientos que fallaron para prevenir que ocurriera la caída de la Línea 12.

Para llegar a esa conclusión, DNV realizó un estudio para detectar la falla y lo hizo en tres diferentes escenarios:

1. En donde todos los pernos están intactos.
2. En donde todos los pernos fallan y,
3. En donde en 10 metros de pernos fueron removidos del tramo medio.

En la página 161 de lo que titularon "Dictamen Final Fase II", punto 4.3.3, se hace el "Análisis de tensión del tramo elevado sujeto a la operación normal". Para ello usaron un factor de utilización, que es la relación entre la máxima demanda y la capacidad nominal de un sistema o de un elemento. Éste es el primer escenario en donde los pernos están tal y como se construyó ese tramo del viaducto elevado.

En la siguiente página se presentan tablas extraídas del informe de DNV. Para el segundo escenario, el 4.3.4, "Análisis de tensión del tramo elevado con todos los pernos fallidos", la tabla 23 presenta datos relevantes.

Tabla 22. Factores de utilización para los elementos estructurales críticos bajo condiciones normales de servicio

Elemento estructural	Factor de utilización (Proporción de demanda *vs.* Capacidad)
Viga Sur	0.40
Viga Norte	0.30
Perno crítico en Viga Sur	0.40
Perno crítico en Viga Norte	0.30
Componente crítico en Viga Transversal	0.025

Tabla 23. Factores de utilización para elementos estructurales críticos bajo condiciones normales de servicio con el 100% de los pernos fallidos

Elemento estructural	Factor de utilización (Proporción de demanda *vs.* Capacidad)
Viga Sur	1.25
Viga Norte	0.52
Perno crítico en Viga Sur	1.17
Perno crítico en Viga Norte	0.41
Componente crítico en Viga Transversal	0.20

En el tercer escenario, el 4.3.5, "Análisis de tensión del tramo elevado con 10 metros de pernos fallidos", DNV nos dice que fallaron algunos pernos, pero no todos. Aquí, DNV aclara que "los resultados son similares a los del análisis con el 100% de los pernos; sin embargo, las fuerzas en los pernos críticos son más altas. *Bajo esas condiciones, no hay fallas estructurales*" (el énfasis es mío).

Elemento estructural	Factor de utilización (Proporción de demanda *vs.* Capacidad)
Viga Sur	0.40
Viga Norte	0.30
Perno critico en Viga Sur	0.62
Perno critico en Viga Norte	0.43
Componente crítico en Viga Transversal	0.025

Después de ver estas gráficas de DNV, tal y como lo dicen ellos, los resultados del escenario 1 y 3 son similares. Algunos expertos que consulté, al ver estas gráficas me indican que, en efecto, la trabe colapsada estaba dañada, pero la presencia de los pernos evitó que se viniera abajo en las condiciones en las que fue construida.

Ahí entra el factor del sobrepeso que se le agregó a la Línea 12 después del cierre entre 2014-2015. Además, no se debe olvidar que la falta de mantenimiento siempre ha estado presente en la Línea 12.

Uno más de los argumentos que el Gobierno de la Ciudad de México utilizó para evadir su responsabilidad en el desplome fue que era imposible que el detrimento de la estructura se pudiera ver, pues los elementos averiados se encontraban dentro de la masa de concreto.

Sin embargo, DNV hace referencia a los videos realizados con drones en el 2019, en los que se reseña cada una de las fallas detectadas en las vigas del estudio. Además, señalan que, en el momento de la caída de la trabe, los pernos que no estaban aún dañados pudieron haber fallado al momento del colapso en modo de falla en cascada.

Los usuarios y vecinos del tramo elevado de la Línea 12 comenzaron a subir fotografías y videos de las anomalías que detectaron luego del primer cierre en 2014 una vez que se abrió de nuevo para la transportación de pasajeros.

Esos daños se acrecentaron luego del terremoto del 2017.

DNV hace referencia a la degradación que descubrieron esas personas, como las manchas de humedad, la eflorescencia y el espaciamiento en la estructura. Para muchos expertos, es el indicativo de que la estructura se comprometió con el sobrepeso al generar cargas excesivas que provocaron deformaciones en las vigas de acero y que se hicieran presentes grietas por fatiga, lo que generó que la estructura perdiera su flexibilidad.

Eso fue los que los ciudadanos subieron a las redes. El gobierno no hizo nada. Y la forma para evitar el desplome era, sin lugar a duda, darle mantenimiento no solo a vías, trenes y estaciones, sino a la obra civil que, desde 2015, había sufrido una reconfiguración con el peso que le había sido impuesta.

En estos meses, DNV y el gobierno de Claudia Sheinbaum están en disputa. La empresa noruega que garantizaría la transparencia para determinar el qué y el cómo se generó la tragedia del 3 de mayo de 2021 dejó de serlo. El motivo: DNV señala que la falta de mantenimiento es causa-raíz del desplome de la Línea 12.

Por meses, DNV trató de entregar la última fase de sus estudios. El Gobierno de la Ciudad de México se negó a recibirlo. Y es que informar que el mantenimiento sí fue causa principalísima del derrumbe, deja sin argumentos a la jefa de Gobierno, que afirmó que la causa-raíz era producto de un daño estructural generado desde que se construyó la Línea 12.

Ella optó por el argumento frágil: el de los pernos. Construyó su narrativa con el reportaje de *The New York Times* que, en parte, avaló DNV. Se le olvidó que su fiscalía desmintió y desacreditó el reportaje del periódico al asegurar que nadie que no tuviera un acceso autorizado a la zona cero podría haber estado ahí. NYT aseguró que su personal estuvo en la zona cero. ¿A quién le creemos?

Para Sheinbaum todo se redujo a pernos, y mintió.

DNV ya dijo que fue el mantenimiento, tal como lo he dicho desde el 2014. A la Línea 12 la reventaron con la falta de mantenimiento los directivos del Sistema de Transporte Colectivo de 2012 al 2021 y las empresas contratadas por el Metro para dar mantenimiento COMSA y TSO.

Los trabajadores del Metro alertaron sobre las fallas, y los directivos del Metro dejaron que se agudizaran. Los usuarios levantaron la voz y nadie quiso escucharlos. Los vecinos de la Línea 12 relataron día a día la caída de gravilla, la separación de las trabes, el doblamiento de varias estructuras metálicas. Todo, repito, después del 2015.

En cuanto DNV detalló que la falta mantenimiento sí fue causa y efecto del derrumbe, el Gobierno no quiso recibir el informe. La jefa de Gobierno, Claudia Sheinbaum Pardo, se negó a aceptar los resultados de las investigaciones de la empresa que ella contrató. Mientras les convenía a sus intereses políticos, DNV era una entidad responsable, profesional, con la experiencia para esclarecer los motivos que llevaron a la tragedia del 3 de mayo de 2021.

El miércoles 9 de marzo de 2022, Sheinbaum descalificó a DNV. Ya sabía que una parte de la causa-raíz del desplome es la falta de mantenimiento. En una entrevista, el miércoles 9 de marzo de 2022, al ser cuestionada sobre el tercer reporte de DNV, la jefa de Gobierno respondió:

> Así como en el primero y segundo reporte se encontró mucha solidez, en el tercero la Secretaría de Protección Civil ha encontrado algunas fallas que no corresponden a la metodología original, fue lo que me informó justo el día de ayer la Secretaría de Protección Civil. Se está a tiempo de hacer las observaciones y, además, salió este abogado que hizo un litigio contra el presidente López Obrador en el 2012, después trabajó en el sexenio pasado, trabajó en su momento en el Estado de México y se está valorando también el posible conflicto de interés que haya con este tema.

Esta declaración tiene varias aristas:

1. A pesar de que en el primer informe de DNV se advirtió que se investigaba la falta de mantenimiento como un factor contribuyente al desplome de la interestación Los Olivos-Tezonco, el Gobierno decidió solo dar a conocer

tres puntos de ese informe (5, 6 y 7) y escondió, para sus fines, el 8, en donde estaba plasmado el tema mantenimiento.

2. No hay ninguna falla metodológica. DNV dice que su dictamen puede modificarse en los procesos de las investigaciones si encuentra datos que así lo determinen. Al final, DNV encontró que la falta de mantenimiento es causa-raíz del desplome. Con pernos, sin pernos y a pesar de los pernos.

3. Claudia Sheinbaum, a quien Palacio Nacional pidió que el tema no se politizara, lo politiza al señalar que el abogado de DNV, Héctor Salomón Galindo Alvarado, quien tiene el cargo de representante legal de la firma y asesor en contratos, el 3 de junio 2012, denunció al entonces presidente de la Asociación Civil Movimiento de Regeneración Nacional, Andrés Manuel López Obrador, por presuntas violaciones a la normativa electoral. El caso llegó al Tribunal Electoral del Poder Judicial de la Federación, que, igual que el INE, lo desechó por falta de argumentos.

4. A la jefa de Gobierno, Claudia Sheinbaum, le falla el *timing*. Desde 2019 a la fecha, Héctor Salomón es representante legal y asesor de contratos de DNV en la región México-América. Es abogado por la UNAM y tiene maestría en Gobierno Corporativo y Derecho Comercial Internacional por la Universidad de York, en el Reino Unido, además de que tiene diplomados en Derecho Contractual por la Universidad de Harvard, así como en Transparencia y Acceso a la Información por la UNAM.

5. Al aludir a los cargos del abogado en el Estado de México y en el sexenio pasado, Sheinbaum trata de ajustar la

trayectoria del representante legal de DNV como parte de las administraciones de Enrique Peña Nieto. Es decir que la jefa de Gobierno pretende hacer creer que DNV ha perdido toda la credibilidad que tenía por uno de sus colaboradores. Quiere hacer pasar la presencia del abogado Galindo como el responsable de que el análisis técnico de DNV revelara que la falta de mantenimiento es Causa-Raíz del desplome del 3 de mayo de 2021.

6. Sin embargo, Héctor Salomón Galindo, de 1999 a 2006, fue personal operativo del Juzgado Cuadragésimo Primero de lo Civil en el Tribunal Superior de Justicia del Distrito Federal; de 2006 a 2008 laboró en la Contraloría General de Gobierno del Distrito Federal; de 2008 a 2010, estuvo en la Dirección Jurídica del Instituto de Transparencia y Acceso a la Información Pública del Estado y los Municipios en el Estado de México; de 2010 a 2011 fue jefe de Departamento en el Instituto Federal de Acceso a la Información Pública; luego pasó a la iniciativa privada y en el 2013 y hasta el 2015 fue subdirector de Revalidación y Asuntos Internacionales de la Secretaría de Educación Pública. Desde 2013 se dedica a la iniciativa privada.

Claudia Sheinbaum politizó la tragedia de la Línea 12 del Metro desde el momento mismo del desplome, e incurre en lo mismo cuando acusa que un miembro del equipo jurídico de DNV puede modificar los resultados del informe para no consolidar la versión de ella y su gobierno respecto a la causa del desplome.

Sheinbaum ajustó su narrativa al reportaje de *The New York Times*. Decidió que del primer reporte de DNV solo se dieran a conocer las partes que a ella le convenían políticamente, desterrando el tema de la falta de mantenimiento y, ahora que DNV demuestra que sus estudios científicos y técnicos indican que la falta de mantenimiento fue la causa-raíz, busca refugio en la figura del presidente Andrés Manuel López Obrador.

La estrategia de la jefa de Gobierno pretende involucrar al líder político que conduce los destinos del país para salir, ella, de una mentira: culpar como única causa de la tragedia del 3 de mayo de 2021 a la falta de pernos y no a la falta de mantenimiento en la Línea 12 del Metro. También deja fuera el sobrepeso que le pusieron al tramo elevado de la línea.

Los abogados de varios de los fallecidos han emprendido acciones judiciales en contra de las empresas constructoras en una corte de Nueva York. Sustentan sus demandas en los reportes de DNV, en los que dicen que las fallas en el proceso de construcción fue el principal causante del desplome del 3 de mayo de 2021.

Tal vez sea en esa corte norteamericana a la que recurrieron los deudos de las víctimas mortales donde tanto la empresa como el Gobierno de la Ciudad de México tendrán que dilucidar las diferencias que hoy tienen y, quizá, sabremos si —como dice Claudia Sheinbaum— la influencia de un abogado de DNV hizo que el proceso de investigación sobre el desplome de la Línea 12 se dirigiera en un sentido que no convenía a los intereses políticos de la jefa de Gobierno.

Es posible que en esa corte de Nueva York sean llamadas a comparecer las empresas certificadoras y las supervisoras de la construcción de la Línea 12. También se daría la oportunidad de que en esa corte llamen a declarar a quienes le impusieron toneladas de más al viaducto elevado de la Línea 12 y expliquen los motivos para hacerlo. Joel Ortega y Miguel Ángel Mancera tienen mucho que explicar en este tema.

Sería deseable que en esa corte de los Estados Unidos quede claro si la Línea 12 se derrumbó por estar mal construida o porque en nueve años de servicio la echaron a perder. Ojalá que allá, con más elementos de prueba y sin la opacidad que desde 2014 hay en la Línea 12, se le haga justicia a las 26 personas que murieron y a sus familias.

Presionada por la opinión pública, Claudia Sheinbaum dio a conocer el reporte el 9 de mayo de 2022. Descalificar a DNV no fue una buena idea. Rectificó tarde. Pero insiste en que la empresa noruega politizó el informe. Ahora falta que la Fiscalía de Sheinbaum retome los resultados de DNV. Ya lo dijo Martí Batres, el segundo al mando del Gobierno de la Ciudad de México, DNV estaba bien cuando sus peritajes coincidían con los de la Fiscalía General de Justicia de la CDMX. ¿Ahora qué van a hacer?

Que se sepa la verdad para que haya justicia.

3. El Gobierno de la Ciudad de México y el Consorcio Constructor en tribunales

La campaña emprendida en contra de Marcelo Ebrard por el gobierno de Miguel Ángel Mancera, de 2012 a 2018, fue constante, dura y sin misericordia hasta que perdió un juicio mercantil con el Consorcio Constructor (ICA, Alstom, Carso).

Mientras, las notas en contra de Ebrard eran frecuentes con afirmaciones nunca comprobadas; jamás se informó del juicio mercantil entre los constructores de la Línea 12 del Metro y el gobierno del hoy senador Mancera.

Y es que fueron los Ingenieros Civiles Asociados (ICA), Carso Infraestructura y Construcciones (CARSO) y Alstom, el Consorcio Constructor, quienes decidieron ir en contra del Gobierno de la Ciudad de México (GCDMX) y el Sistema de Transporte Colectivo-Metro por la falta de pagos.

El Consorcio Constructor (CC) demandaba al GCDMX por no haber pagado un adeudo del monto original del contrato a mano alzada por la construcción de la Línea 12. Tan solo por ese rubro, el CC requería el pago de 351 millones 833 mil 33 pesos 99 centavos.

No era solo eso lo que reclamaba el Consorcio Constructor, también exigía gastos no recuperables ocasionados por "causas no imputables al contratista" que habían derivado en costos de materiales, mano de obra e insumos. También exigían los montos adicionales por retenciones de pagos que consideraban estaban fuera de las cláusulas firmadas en el contrato y que afectaron al CC.

Incluso, el CC pedía al juez que les pagaran las obras realizadas fuera del contrato a mano alzada firmado por las partes. El GCDMX respondió por medio de su representante legal, Vicente Lopantzi García. Reclamó el cumplimiento, y el pago, de diversos actos no realizados por el CC e, incluso, firmados por personas a las que no reconocía como representantes del corporativo creado para construir la Línea 12.

Además, el GCDMX pedía que al CC se le condenara a "pagar por daños y perjuicios, por lo que hace a los gastos que efectuó el Gobierno del Distrito Federal, ahora de la Ciudad de México, como consecuencia del cierre parcial de la Línea 12 del Metro; esto es transporte de RTP (Red de Transporte de Pasajeros del Distrito Federal) ofrecido a los usuarios del Metro en el tramo Atlalilco-Tláhuac que haciende [*sic*] a la cantidad de 412 millones 38 mil 901 un peso con 71 centavos".[1]

A esa cantidad habría que sumarle los 444 millones 355 mil 341 pesos por concepto de boletaje no vendido en el lapso en que la Línea 12 estuvo parcialmente suspendida.

Para dirimir los desacuerdos entre las partes, se instó a ambas a nombrar a un grupo de peritos que determinaran en qué tenía la razón el CC y en dónde le correspondía al GCDMX.

Una vez que reconocieron el conflicto, acordaron de manera colegiada que un panel de expertos designados tanto por el CC y el GCDMX dieran sus opiniones técnicas con base en un cuestionario elaborado de manera conjunta por ambas partes.

Así, el panel de expertos estuvo conformado por:

---

[1] Juicio mercantil CDMX/CC.

- Ing. Juan Roberto García Sánchez, cédula profesional 557459
- Ingeniero Fernando Langle Nava, cédula profesional 0854023
- José Alberto Sánchez Rivera, cédula profesional 171366
- Ing. Julio César Contreras Barroyo Rivera, cédula profesional 543011
- Ing. Gustavo Antonio Meillón Castrillón, cédula profesional 789636
- Ing. Noé Escobar Alcántara, cédula profesional 486224
- Ing. Luis Cesáreo Castellanos Castillo, cédula profesional 521881
- Ing. José Francisco Vázquez Olivares, cédula profesional 2614294.

Cabe mencionar que al ingeniero Fernando Langle le fue revocado el nombramiento como perito en este caso. Y al ingeniero Luis Cesáreo Castellanos se le sustituyó por el ingeniero Iván Ibarra Estrada.

Todos ellos fueron reconocidos por el GCDMX y el CC como expertos en ingeniería civil, ingeniería electromecánica y valuación y costos, para determinar los montos de la obra "efectivamente ejecutada y que deberá ser reconocida y cubierta por las partes", y, además, tenía la facultad de determinar "los trabajos pendientes de pago, ejecución y la calidad de los mismos y la procedencia o no de otras prestaciones relacionadas" con la construcción de la Línea 12 y el juicio mercantil.[2]

---

2 Todos los entrecomillados de este, de anteriores y posteriores párrafos son parte del texto de las sentencias definitiva y modificada del juicio mercantil en referencia.

Uno de los argumentos que esgrimieron Miguel Ángel Mancera, jefe de Gobierno, y Joel Ortega Cuevas, director del Metro cuando la Línea 12 fue cerrada parcialmente, era que NO HABÍAN RECIBIDO a satisfacción la Línea 12.

Sin embargo, como dice la sentencia "tal como se acredita en autos, el Gobierno de la Ciudad de México recibió la Línea 12 del Metro desde el 30 de octubre de 2012, beneficiándose desde dicha fecha de la ejecución y operación de dicha obra, consecuentemente, resulta improcedente desconocer actos que dieron origen a la misma en los términos en que fue construida, máxime que la entrega recepción de la obra y su puesta en operación constituye el consentimiento expreso de la validez y eficacia de dichos actos".

Luego entonces, la mentira histórica del gobierno de Mancera y el pretexto de Joel Ortega se caía completamente, más cuando en 2013 el mismo Joel Ortega, ya como director del Metro, recibe de Proyecto Metro (instancia creada para supervisar la construcción de la Línea 12) definitivamente la obra.

En *Línea Dorada, los lobos al acecho. ¿Quién ordenó cerrarla?* exhibimos el acta de entrega-recepción, en la que se ve la firma de Ortega y uno de sus colaboradores y aliado político, Alfonso Suárez del Real, quien hoy ostenta un cargo diplomático.

Cabe mencionar que Suárez del Real también es cercanísimo aliado de Claudia Sheinbaum Pardo, de quien fue secretario particular, y se le identifica con el grupo político de René Bejarano y Dolores Padierna.

El cuerpo de peritos comenzó su labor. Fue a cada detalle de lo denunciado tanto por el GCDMX como por el CC. Llama la atención una circunstancia que, de no ser por lo ocurrido el 3 de mayo de 2021, podría pasar desapercibido y que transcribo textual del cuerpo de la sentencia:

Para que este Cuerpo de Peritos revisara la totalidad de los trabajos faltantes o mal ejecutados que se señalaron en dicha minuta, no se contó con la actualización de los trabajos completados y/o corregidos con posterioridad al 8 de julio de 2013, lo que no impidió establecer el grado de cumplimiento y/o corrección de los hallazgos realizados por el Gobierno de la Ciudad de México.

Para entender de mejor forma la importancia de este párrafo y sus posteriores consecuencias, debo transcribir una parte del desplegado publicado por el CC en el periódico Reforma a consecuencia del cierre de la Línea 12 en 2014:

El 8 de julio de 2013, los ingenieros Joel Ortega Cuevas y Enrique Horcasitas Manjarrez y sus equipos de trabajo en representación del STC y del PMDF, firmaron el Acta de Entrega Recepción definitiva del proyecto que incluye obras civiles, ferroviarias y electromecánicas. Dicha acta señala que desde el 30 de octubre de 2012 el SCT ha sido responsable de la operación de la Línea 12.

¿Qué quiere decir esto?

Primero, que Joel Ortega tenía pleno control de la Línea 12 del Metro desde que fue nombrado, en 2012, director del Sistema de Transporte Colectivo Metro.

Segundo, que una vez recibida en definitiva la obra, Joel Ortega era responsable de la operación y mantenimiento del Sistema de Transporte Colectivo-Metro (STC-Metro).

Cabe preguntar ¿por qué los peritos no encontraron documentación que probara que el CC no había completado sus trabajos, que había vicios ocultos o detalles de obra? Tal vez la respuesta se encuentre en lo sucedido el 3 de mayo de 2021. Deficiente o nulo mantenimiento y mala operación.

El CC en su desplegado maneja la fecha de 8 de julio de 2013 como la entrega definitiva de la obra. Los peritos manejan la fecha del 8 de julio de 2013 como el inicio de la opacidad de lo que sucedía en el Metro, principalmente en la Línea 12. ¿CASUALIDAD O CAUSALIDAD? ¿Ambas?

Los peritos reconocen que los detalles de obra, e incluso los vicios ocultos, no son ni sorpresivos ni extraordinarios en una obra como la Línea 12 dado su tamaño y complejidad técnica. Los peritos afirman que esas fallas debieron haber sido subsanadas por el CC y que "en su defecto, constituyen vicios ocultos que no impiden la operación de la obra ni el hecho de que el objeto de su construcción se cumplió, lo anterior se analiza en los apartados correspondiente del presente Dictamen Pericial".

Es necesario mencionar que los peritos no pudieron determinar muchos asuntos reclamados por el gobierno de Mancera y la dirección del Metro de Ortega, y después de Jorge Gaviño, pues, como ya se apuntó arriba, desde el 8 de julio de 2013 no había acceso a la documentación que avalara qué se hacía y cómo se hacía en el Metro, en particular, en la Línea Dorada.

Y eso que lo anterior se refería, en particular, a instalaciones electromecánicas, el sistema de vías, el sistema de alimentación y distribución de energía eléctrica, sistema de instalaciones mecánicas, sistema de señalización, sistema de mando centralizado, sistema de telecomunicaciones, sistema de peaje, sistema de pilotaje automático, así como las pruebas de éstas, es decir, ahí, en esos rubros, el CC sí cumplió.

Pero ¿qué sucedió con la obra civil, las trabes, las columnas, las instalaciones del Metro en su Línea 12?

Nuevamente, vamos a la sentencia del juicio mercantil.

Dice la pregunta 7 del cuestionario en el que lo peritos basaron su trabajo:

Los peritos determinarán si en cumplimiento del Contrato de Obra Pública 8.07CO 01 T.2.022, técnicamente se ejecutó la obra civil correspondiente a la Línea 12 del Metro de acuerdo a las especificaciones mínimas contenidas en el mismo. Lo anterior deberá determinarse con respecto de cada uno de los tramos Talleres Tláhuac, Estación Tláhuac, Intertramo Tláhuac-Tlaltenco, Estación Tlaltenco, Intertramo Tlaltenco-Zapotitlán, Estación Zapotitlán, Intertramo Zapotitlán-Nopalera, Estación Nopalera, Intertramo Nopalera-Olivos, Estación Olivos, <u>Intertramos Olivos-Tezonco</u>;[3] Estación Tezonco, Intertramo Tezonco-Periférico Oriente…

La respuesta, a la luz de lo acontecido el 3 de mayo de 2021, es escalofriante:

Este cuerpo de peritos, mediante el análisis a las constancias documentales contenidas en el expediente de la Demanda, así como la inspección visual realizada a las áreas de acceso público de la Línea 12 del Sistema de Transporte Colectivo-Metro, de manera general, constató la ejecución de los trabajos en cumplimiento del Contrato de Obra Pública 8.07CO 01 T.2.022, técnicamente se ejecutó la obra civil correspondiente a la Línea 12 del Metro de acuerdo a las especificaciones mínimas contenidas en el mismo. Lo anterior deberá determinarse con respecto de cada uno de los tramos Talleres Tlá-

---

[3] El subrayado es mío.

huac, Estación Tláhuac, Intertramo Tláhuac-Tlaltenco, Estación Tlaltenco, Intertramo Tlaltenco-Zapotitlán, Estación Zapotitlán, Intertramo Zapotitlán-Nopalera, Estación Nopalera, Intertramo Nopalera-Olivos, Estación Olivos, Intertramos Olivos-Tezonco; Estación Tezonco, Intertramo Tezonco-Periférico Oriente… Es importante señalar que, dentro de la documentación señalada, se tiene la minuta del 8 de julio de 2013 relativa a la conversión de preliminar, en definitiva, en cuanto a la entrega que hizo el Proyecto Metro del Distrito Federal el 30 de octubre de 2012, en su carácter de administrador del citado contrato, al Sistema de Transporte Colectivo, en su carácter de organismo operador. Respecto a la expresada Línea 12 del Metro, a pesar de existir trabajos faltantes o mal ejecutados, según se listaron en los anexos 05, 06, 07, 08 y 09.

Sin embargo, para este Cuerpo de Peritos revisara la totalidad de los trabajos faltantes o mal ejecutados que se señalaron en dicha minuta, NO SE CONTÓ CON UNA ACTUALIZACIÓN DE LOS TRABAJOS COMPLETADOS Y/O CORREGIDOS CON POSTERIORIDAD AL 8 DE JULIO DE 2013, LO QUE NOS IMPIDIÓ ESTABLECER EL GRADO DE CUMPLIMIENTO O CORRECCIÓN DE LOS HALLAZGOS REALIZADOS POR EL GOBIERNO DEL DISTRITO FEDERAL.

Por lo tanto, con los elementos de análisis que se tuvieron, se pudo detectar lo siguiente: Este Cuerpo de Peritos concluye que técnicamente sí se ejecutaron las obras civiles correspondientes a la Línea 12 de Metro de acuerdo a las especificaciones contenidas en el mismo… y que, EN FUNCIÓN DE LAS DECLARACIONES DE LAS MISMAS AUTORIDADES DEL GOBIERNO DE LA CIUDAD DE MÉXICO, LOS TRABAJOS FALTANTES O MAL EJECUTADOS NO IMPIDEN EL SERVICIO REGULAR Y SEGURO DE LA LÍNEA 12 DEL METRO.[4]

---

4 El subrayado y las versalitas son mías.

Todo lo anterior quiere decir dos cosas:

1. Los trabajos de construcción de la Línea 12, en el gobierno de Marcelo Ebrard se realizaron completos y se entregaron en tiempo y forma para dar un servicio seguro.
2. Lo que sucedió después del 8 de julio de 2013 es responsabilidad de la administración de Miguel Ángel Mancera como jefe de Gobierno y de Joel Ortega como director del Metro.

Con estos antecedentes, podemos caminar hacia una explicación lógica de lo que pudo provocar el desplome de la trabe ocurrida el 3 de mayo de 2021 que tuvo como resultado la muerte de 26 personas y un centenar de heridos y afectados.

También podemos decir que, si la opacidad con la que actuó el Gobierno de la Ciudad de México en el desarrollo de este juicio mercantil, tal vez se hubieran detectado las presuntas fallas en la construcción de la Línea 12, mismas que han sido negadas por CARSO Infraestructura y Construcciones.

De lo que sí queda constancia es que no tenemos, ni tuvimos y al parecer no tendremos, la información de cómo se le dio mantenimiento y cómo fue operada la Línea 12 del Metro del 8 de julio de 2013 al 3 de mayo de 2021.

La administración de Mancera y Ortega determinó cerrar parcialmente la Línea 12. Argumentó un "desgaste ondulatorio" que ponía en grave peligro la integridad de los usuarios de la línea, principalmente en su viaducto elevado.

Sin embargo, como acto reclamado en el juicio mercantil contra el CC, el GCDMX no comprobó que los "problemas con las vías" fueran motivo suficiente para cerrar la Línea 12.

Dice la sentencia que de acuerdo con la opinión técnica de los peritos no es posible determinar una causa precisa atribuible a alguna de las partes por los problemas de las vías pues los materiales y las especificaciones solicitadas por los contratantes se cumplieron. Algo más, el desgaste ondulatorio es un fenómeno presente en todos los sistemas férreos y, por ello, no era viable atribuirle al CC el cierre parcial de la Línea 12.

Por eso, el Poder Judicial de la Ciudad de México le negó al Gobierno central el pago que exigía del CC. Incluso porque en la entrega del 30 de octubre de 2012, en el acta de entrega-recepción, se señala que "el SCT ha venido operando regularmente la expresada Línea 12 del Metro, misma que fue certificada por el Consorcio Certificador (DBI-ILF-TUV-HC) para ponerse en servicio con pasajeros", y aunque había trabajos faltantes o mal ejecutados, no impedían el servicio regular y seguro de la línea.[5]

Más aún, al Gobierno de la Ciudad de México le recordaron en esta sentencia que la prestación del servicio del transporte público es una "obligación de la autoridad".

Cerrar el viaducto elevado de la Línea 12 fue considerado como un acto de autoridad, ejercido por el poder público en el ejercicio de una función administrativa. Haber cerrado la Línea 12, así fuera parcialmente, fue un acto de poder del entonces jefe de Gobierno, Miguel Ángel Mancera, alentado por Joel Ortega, a la postre director del Metro.

En la sentencia se consideró que la falta de transporte público, fue para los usuarios de la Línea 12 del Metro, una falta para garantizarles el derecho humano de la movilidad.

---

5 Véase "Acta de entrega recepción" en Línea Dorada, los lobos al acecho. ¿Quién ordeno cerrarla?, Lectorum, 2020.

Hasta ese grado llegó el daño ocasionado por el cierre de la Línea 12, violentar los derechos humanos.

¿Qué sentenció el Poder Judicial de la CDMX?

Entre otros puntos, lo siguiente:

1. Absolvió al GCDMX del pago que exigía el Consorcio Constructor por trabajos de mantenimiento realizados por los constructores fuera del contrato.
2. Se le obligó el GCDMX a pagar 101 millones de pesos al Consorcio Constructor por haber cumplido con el contrato para la construcción de la Línea 12.
3. Por trabajos realizados fuera del alcance del contrato, el GCDMX debió pagar al Consorcio Constructor 4 mil 221 millones 915 mil 351 pesos, más IVA.
4. Por detalles de obra y vicios ocultos, el Consorcio Constructor tuvo que pagar al GCDMX 645 millones 454 mil 311 pesos más IVA.
5. Condenó al Consorcio Constructor a pagar 400 millones de pesos por vicios ocultos identificados.

La sentencia definitiva de la jueza Ana Mercedes Medina Guerra quedaba firme, pero el caso no acabó ahí. El gobierno y el consorcio decidieron llegar a la siguiente instancia judicial. Fue la Cuarta Sala Civil la que tomó el caso y el magistrado ponente fue Juan Arturo Saavedra Cortés. La sentencia modificada cambió algunas resoluciones de la jueza Medina Guerra.

Destaca que se condenó al GCDMX a pagar al Consorcio Constructor 245 mil 858 millones 309 pesos por concepto de deuda por la ejecución de la obra.

Pero también al Consorcio Constructor lo condenó a pagar mil 529 millones de pesos por una pena convencional por el retraso en la obra correspondiente al primer tramo, comprendido de la estación Tláhuac a Atlatilco.

Al final, al hacer la compensación de las cantidades adeudadas por las partes, el saldo fue a favor del Consorcio Constructor (ICA, Carso, Alstom) por 2 mil 538 millones 773 mil 661 pesos.

De esto nada dijo el gobierno de Mancera ni la administración del Metro, ya con Jorge Gaviño como director general.

Este juicio no fue parte de la guerra mediática en contra de Ebrard pues, de conocerse el contenido de las actuaciones en el Tribunal Superior de Justicia de la Ciudad de México, la ciudadanía se habría dado cuenta de que la estrategia mal planeada y peor ejecutada por el gobierno de Mancera solo tenía una intención: sacar de cualquier contienda política de Marcelo Ebrard.

No importó que el principal promotor de la carrera burocrática y política de Miguel Ángel Mancera fuera Ebrard. Fue él, Marcelo Ebrard, quien lo llevó a la jefatura de Gobierno para luego ser traicionado. Las intenciones de Mancera no se quedaban solo en su principal promotor.

Descarrilar a Marcelo Ebrard implicaba pegarle bajo la línea de flotación al movimiento encabezado por Andrés Manuel López Obrador. Así lo reconoció varias veces AMLO cuando era cuestionado sobre las investigaciones del gobierno de Mancera contra Ebrard.

La sentencia del juicio entre el Gobierno de la Ciudad y el Consorcio Constructor se encuentra firme y fue dictada el 25 de mayo de 2017.

4. Más peso a la Línea 12

Una de las principales causas del desplome junto con la falta de mantenimiento fue el sobrepeso que le impusieron al viaducto elevado de la Línea 12 del Metro.

Son varios los datos que permiten afirmar que la sobrecarga contribuyó al derrumbe de la interestación Los Olivos-Tezonco.

Una nota de *Milenio Diario*, publicada en julio de 2021, destaca que la Secretaría de Obras y Servicios de la Ciudad de México encontró que hubo un excedente de 7 mil toneladas de balastro en 10 estaciones del viaducto elevado de la Línea 12.

Esa carga adicional provocó, a decir de la dependencia, un desgaste en columnas y planchas de la obra civil en las estaciones que van del tramo Culhuacán a Tláhuac.

Ese balastro fue colocado en la primera rehabilitación de la Línea 12, de 2014 a 2015, pero se detectó que la vida útil de esa grava era de dos años y no de 20 como había proyectado el gobierno mancerista. Este dato quedó corroborado en el primer reporte que dio a conocer la empresa DNV.

¿Qué significa que se le hayan impuesto 7 mil toneladas más de balastro al viaducto elevado de la Línea 12? Que comprometió la elasticidad de la obra y su fortaleza. Además de esas 7 mil toneladas más de peso en balastro, se le impusieron otras 2 mil 367 toneladas al viaducto elevado en durmientes, fijaciones y rieles.

Estos datos que dio a conocer *Milenio* pudieron haber sido producto de una recomendación que hizo la empresa Systra, contratada por la Secretaría de Obras para realizar la rehabilitación de la Línea 12, y que sugirió el reemplazo de algunos componentes para el regreso a operaciones de la línea.

Systra no encontró ninguna anomalía en la obra civil, pero sí advirtió de los riesgos de sobrecargar el viaducto elevado. Lo que recomendó a la Secretaría de Obras fue el cambio de rieles, durmientes, fijaciones y balastro de acuerdo con las especificaciones del constructor.

Systra no fue escuchada. Joel Ortega, director del Metro, permitió que se pusieran otros componentes, con lo que se produjo la sobrecarga al viaducto elevado.

¿Cómo fue que se dio esa sobrecarga? Lo reportado por Israel Navarro en su nota dice:

- El peso de las fijaciones pasó de 5 a 25 kilos. Cinco veces más su peso.
- Los durmientes pasaron de 268 a 350 kilos.
- Los rieles que tenían 56.82 kilos pasaron a 60.21 kilos.

Es importante lo que informa Israel Navarro, pues como lo escribió en su reportaje, las fijaciones pasaron de tener un peso —por sus 37 mil 988 piezas rehabilitadas— de 189 mil 940 kilos a 949 mil 949 kilos, es decir, 760 toneladas de más.

Lo que se le impuso más de peso en durmientes fue de 1.5 tonelada. Tenía, en sus 18 mil 674 piezas un peso de 5 mil kilos y pasó a ser de 6 mil 500 kilos.

Los 22 mil 421 tramos de riel, que pesaban de 1.2 pasaron a 1.3 kilos, 76 toneladas de más.

En total, el sobrepeso de rieles, durmientes y fijaciones fue de 2 mil 367 toneladas de más. Esto equivale al peso de 10.4 trenes (226 toneladas por tren) permanentemente cargados en una estructura no diseñada para cargar ese sobrepeso que se le impuso luego del cierre ordenado por Mancera y Ortega.

Al Consorcio Constructor se le llamó para realizar una rehabilitación después del terremoto del 19 de septiembre de 2017.

Entonces, la empresa Colinas de Buen realizó un peritaje del tramo elevado a petición del Consorcio Constructor. Encontró que la sobrecarga a la que se sometió al tramo elevado desde 2015 "presentó una deformación que rebasó los límites elásticos del material de que fueron fabricados" y la obra civil se convirtió en una cimbra.

La empresa Integridad Mecánica y Servicios de Ingeniería S. A. de C. V. (IMEYS) realizó un "Análisis de causalidad de la falla de las trabes del tramo elevado entre las estaciones Olivos y San Lorenzo Tezonco de la Línea 12 del Sistema de Transporte Colectivo Metro de la Ciudad de México" a encargo de CICSA (Carso Infraestructura y Construcción).

El estudio realizado por IMEYS tuvo como objeto reconstruir los hechos del accidente causado por las fallas en las trabes que se desplomaron, así como los efectos que la produjeron y así llegar a la causa verdadera del accidente y descartar otras hipótesis.

El resultado de este estudio confirma que, una vez establecido el daño provocado por el sobrepeso, las trabes ya no estaban en condiciones de operación adecuadas.

Todo esto se detectó por el Gobierno de la Ciudad de México en al menos dos estudios que realizó años y meses antes del desplome el 3 de mayo de 2021. Y es ahí donde el mantenimiento juega un papel fundamental en la causa-raíz del accidente.

Del mantenimiento preventivo pudieron pasar al mantenimiento correctivo e, incluso, al mantenimiento mayor de la estructura.

Pero no lo hicieron. No hubo mantenimiento preventivo, ni correctivo ni mayor. No hicieron el mantenimiento cuando tenían alertas y certezas de que la Línea 12 estaba comprometida y que en cualquier momento habría, ahora sí, un grave accidente. ¿Por qué?

Esta empresa realizó un análisis estructural de las trabes compuestas y fueron estudiadas con un modelo realizado por un *software* especializado bajo condiciones de carga normal, sobrecarga y anomalías estructurales para determinar si la resistencia de la trabe habría sido insuficiente para recibir y sostener esas cargas y determinar cuál de las condiciones analizadas fue la determinante como causa inmediata del accidente, si contribuyó al accidente o simplemente no impactó en lo absoluto.

También se hizo un análisis por "mecánica de fractura" de la falla en las vigas de acero de las trabes del viaducto elevado para establecer el tamaño crítico de la grieta, así como estimar los ciclos de carga que soportó desde la formación de la grieta hasta el momento de la falla. Esto permitiría verificar si esa falla prematura por fatiga fue la causa física o material del accidente.

Además, se realizó un análisis de causalidad de la falla en las trabes basado en la combinación de los dos estudios anteriores bajo la metodología de causa-efecto.

El 13 de junio de 2021, *The New York Times* publicó "Por qué colapsó la Línea 12 del metro de la Ciudad de México".

El diario dice que luego de una investigación realizada por sus reporteros, encontraron graves fallas de construcción. También afirmaron que hubo presiones políticas detrás de la tragedia.

El *Times* aseguró que ellos tomaron miles de fotografías del sitio del siniestro, mismas que compartió con ingenieros expertos que habían concluido que a esa obra le faltaron "pernos metálicos que eran cruciales para la solidez del viaducto —y que servían como base de toda la estructura— parecen haber fallado debido a una soldadura deficiente falla grave que probablemente causó el choque".[1]

Los pernos eran, según el diario estadounidense, los protagonistas causantes de una tragedia que contabilizaba 26 personas muertas.

En una nota publicada por el diario *El Sol de México* el 14 de junio de 2021, firmada por Manuel Cosme y titulada "Zona Cero de Línea 12 está rigurosamente vigilada, defiende Fiscalía", aseguró que "la zona cero y los talleres donde se analizan los restos del colapso de la Línea 12 del Metro se mantienen bajo vigilancia de la Guardia Nacional, policías capitalinos y de investigación, por lo que no se ha autorizado el acceso a representantes de los medios de comunicación".[2]

---

[1] Natalie Kitroeff, Maria Abi-Habib, James Glanz, Oscar Lopez, Weiyi Cai, Evan Grothjan, Miles Peyton y Alejandro Cegarra, "Por qué colapsó la Línea 12 del metro de Ciudad de México", *The New York Times* (13 de junio de 2021) <https://www.nytimes.com/es/interactive/2021/06/12/espanol/america-latina/metro-ciudad-de-mexico.html>.

[2] Manuel Cosme, "Zona cero en Línea 12 está rigurosamente vigilada, defiende Fiscalía", *El Sol de México* (14 de junio de 2021) <https://www.elsoldemexico.com.mx/metropoli/cdmx/zo-

Impedir el acceso a personas no acreditadas a esas zonas tenía como principal motivo la de proteger la cadena de custodia de cada una de las evidencias, datos de prueba, indicios obtenidos y material acopiado por especialistas que se encontraba embalado adecuadamente.

Es decir, la Fiscalía General de Justicia de la Ciudad de México desmentía al *NYT* de que sus reporteros e investigadores habían cruzado las líneas de prohibición para tener acceso a la zona cero y hubieran tomado "miles de fotografías".

La publicación de la investigación fue atribuida a una filtración realizada por el equipo cercano a la jefa de Gobierno Claudia Sheinbaum, directamente a José Merino, encargado de la tramitología digital de la ciudad.

En contraste, el estudio de INMEYS, en sus páginas 11 y 12, se indica que

> La figura 2.8 muestra el estado en que quedo la sección Este del tramo colapsado, donde se observa que la placa prefabricada de concreto no se desprendió del patín superior de las trabes metálicas, excepto un segmento de aproximadamente cuatro metros de longitud de la trabe metálica Sur, lo cual posiblemente sucedió durante el colapso. De igual forma, tampoco se observa que haya habido desprendimiento del firme de compresión del tramo elevado, en ninguna de sus dos secciones, Este y Oeste. *Esto prueba que los pernos Nelson existían en la estructura y realizaron su función de mantener la unidad estructural de las trabes armadas de acero y la losa en la súper estructura del tramo accidentado.*[3]

na-cero-en-linea-12-esta-rigurosamente-vigilada-defiende-fisca-lia-6844040.html>.

[3] Las cursivas son mías.

Desde que el NYT publicó la supuesta falta de pernos, la jefa de Gobierno y sus voceros asumieron como dogma que no había pernos, que la falla era estructural y que el proceso de construcción era la causa-raíz del desplome de la trabe.

Y ése es su discurso hasta nuestros días.

De esa forma, eluden, o creen eludir, toda responsabilidad del colapso de las trabes. Pero olvidan que el accidente ocurrió un lunes 3 de mayo de 2021 y que la Línea 12 se encontraba operando con normalidad.

Eso indica que la falla que provocó la caída de la trabe creció de manera gradual, paulatinamente, y llegó al punto en que la estructura ya no fue capaz de soportar las cargas impuestas.

¿Se pudo haber evitado? ¡Claro! La Línea 12 avisó que tenía una fractura interna, que se estaba rompiendo por dentro y que, a pesar de las evidencias que el STC-Metro tenía y las fotografías y videos que los usuarios y vecinos del tramo colapsado subieron a las redes sociales desde 2015, las autoridades no hicieron absolutamente nada.

Hay algo muy interesante en el estudio realizado por IN-MEYS: buscaron identificar la *condición causal* para determinar qué provocó la caída de la trabe.

Esa condición causal explicaría por qué cayó la trabe al paso de un tren y no cuando se encontraba sin tránsito de algún convoy.

Dice el estudio que un cuerpo sólido sometido a cargas solo puede deformarse por una o la combinación de estas condiciones:

1. Los materiales del viaducto elevado no tenían la resistencia para soportar los esfuerzos normales de la operación.
2. La carga en el viaducto elevado fue superior a la resistencia estructural real.

3. Se le impuso al viaducto elevado una carga posterior a su construcción, lo que redujo su resistencia a un nivel igual o menor de cargas normales de operación.

De esta forma, podríamos explicar por qué el Metro pudo seguir circulando miles de veces sobre esa estructura. La primera respuesta es que los materiales usados en su construcción tenían la calidad adecuada para soportar las cargas a los que una obra de este tipo está sometida.

Durante las "rehabilitaciones" que se hicieron de 2014 a 2015 y la que se realizó después del terremoto del 19 de septiembre de 2017, se impusieron cargas adicionales al viaducto elevado (7 mil toneladas en diversos componentes y 2 mil 500 en balastro).

Esta segunda condición es, sin duda, la que representó una de las condicionantes para el desplome.

Y es aquí donde se derrumba por completo la versión, repetida una y mil veces, sobre que el colapso se debió a la falta de pernos. Si, como afirmó NYT y luego la empresa DNV, la falta de pernos fue la causa-raíz del desplome, estos componentes metálicos debieron de haberse dejado de instalar en, cuando menos, un 70 por ciento.

Sin embargo, los planos *as built* indican que los pernos sí fueron colocados. De otra manera, la trabe hubiera caído antes y sin la necesidad de que, para causar el percance, pasara un tren sobre esa estructura.

¿Y qué concluye INMEYS? Que la sobrecarga impuesta después del primer cierre de la Línea 12 entre el 2014 y 2015, durante y después del periodo de rehabilitación, además de la combinación de los sismos que se registraron en la zona, más el terremoto de 2019 "causaron sobreesfuerzo y cargas de corte transversales en la parte media de la superestructura del cruce elevado, que a su vez generaron la distorsión microscópica del alma de las trabes Sur y Norte y un proceso de falla por fatiga del contravento central".

Todo lo anterior quiere decir que con el sobrepeso reventaron la Línea 12. Lo más importante de esta falta es que se pudo haber evitado si las autoridades hubieran dado un mantenimiento adecuado en las nuevas condiciones que presentaba la línea.

Sabían de la sobrecarga, no le dieron mantenimiento y, cuando cayó, culparon a los pernos por no estar en su lugar.

Tenían conocimiento de todo esto desde febrero de 2014 y así quedó asentado en la sentencia del juicio mercantil entre el Consorcio Constructor y el Gobierno de la Ciudad de México.

Mintieron cuando dijeron que sí le habían dado mantenimiento a la Línea 12. Esas mentiras provocaron la muerte de 26 personas y causaron heridas a más de cien.

5. El terremoto
del 19 de septiembre de 2017

La Línea 12 del Metro paró por segunda vez en septiembre de 2017.

Según la administración de Claudia Sheinbaum y el dictamen de DNV, el terremoto del 19 de septiembre de 2017 no fue una causa por la que el viaducto elevado de la Línea 12 se desplomara el 3 de mayo de 2021. Sin embargo, hay informes de que el sismo causó daños en la estructura de la Línea 12.

En respuesta al Senado de la República sobre los daños causados por el sismo de septiembre de 2017, el gobierno de Miguel Ángel Mancera respondió, en marzo del 2018, que la Línea 12 del Metro había sido la más afectada por el terremoto.

La administración del Gobierno capitalino detalló que el viaducto elevado tuvo el descarrilamiento de dos trenes. Uno en el tramo Zapotitlán-Nopalera, en las curvas 11 y 12, y otro en el tramo Tlaltenco-Zapotitlán.

Luego de una revisión, el informe señala que "fueron identificados daños importantes" en el tramo Zapotitlán-Nopalera en las curvas mencionadas, donde un cabezal de apoyo perdió el confinamiento de los topes sísmicos que tienen como función la de evitar desplazamientos excesivos en las trabes del viaducto elevado.

El otro daño fue en una columna del tramo Nopalera-Los Olivos que presentó un desprendimiento del recubrimiento y un agrietamiento de la base que, según el Gobierno de la Ciudad, "podría haber debilitado su funcionamiento integral en el soporte de peso y elasticidad".

La Línea 12, en cuatro estaciones, permaneció cerrada 40 días después del terremoto.

El 30 de octubre de 2017, el director del Sistema de Transporte Colectivo-Metro, Jorge Gaviño, anunció la reapertura, aunque advirtió que los trabajos de rehabilitación tardarían tres semanas más para ser concluidos.

En esa fecha, Gaviño, que había sido presidente de la Comisión de la Asamblea Legislativa que investigó el cierre de la Línea 12 durante 2014-2015, dijo que se revisaba el Viaducto Elevado con ultrasonidos y rayos X para localizar un probable vicio oculto o falla de origen en la estructura elevada.

Sin embargo, las placas de ultrasonidos y rayos X nadie los conoce. Estos documentos debieron de estar en los dictámenes de DNV y las investigaciones de la Fiscalía General de Justicia de la Ciudad de México para explicar cómo fue que, con un estudio con la más alta tecnología, el gobierno de Miguel Ángel Mancera y el director del Metro, Jorge Gaviño, no informaron sobre la supuesta falta de pernos en la trabe que se desplomó.

Esos documentos deberían estar en los archivos de la Gerencia de Ingeniería y Desarrollo del STC-Metro, en una oficina de Incidentes Relevantes, pero no hay constancia de que ahí se encuentren.

Luego del terremoto, usuarios y vecinos de la Línea 12 comenzaron a subir más videos y fotografías de cómo se deterioraba cada día la estructura elevada del Metro.

No solo eso, también los miembros de los organismos sindicales del Metro, como el Sindicato Democrático Independiente de Trabajadores del STC, el Sindicato Nacional de Trabajadores del STC y la Asociación Sindical de Trabajadores de Confianza del STC denunciaron fallas en las vías y los trenes de la Línea 12, así como en la obra civil desde su "rehabilitación" en 2014.

Ellos fueron los primeros en denunciar la falta de mantenimiento y calificaban la ausencia de los trabajos preventivos y correctivos como una bomba de tiempo.

Durante la administración 2012-2018, la Línea 12 estuvo en la mira de las autoridades, principalmente de la Auditoría Superior de la Federación (ASF) que, a partir de 2015 detectó que de ese año a 2018 existían irregularidades no solventadas por, al menos, 29 millones 314 mil 112 pesos.

Según la ASF, las irregularidades de la Línea 12 consistieron en pagos en demasía a las empresas Promotora y Desarrolladora Mexicana, Proacon México y Desarrollo de Terracerías por 130 mil 499 pesos de daño al erario.

La ASF también detectó que entre 2015 y 2016 había irregularidades no solventadas por 17 millones 835 mil 302 pesos y que ese recurso se debía a pagos duplicados, pagos indebidos y pagos por conceptos innecesarios.

Además, se determinó que había falta de acreditación de servicios supuestamente pagados y diferencias entre los recursos recibidos y los reportados como ejercidos.

No es todo. Para atender los daños generados por la falta de mantenimiento y el terremoto, trabajadores del Metro propusieron la creación de una Unidad de Gestión Integral de Riesgos para prevenir lo que ya veían que podría suceder.

Ni Gaviño ni Florencia Serranía, directora del Metro en los primeros años del gobierno de Claudia Sheinbaum hasta la caída de la trabe el 3 de mayo de 2018, se interesaron por crear este órgano de prevención.

Los resultados de no tenerlo fueron fatales.

Todas estas anomalías están integradas en las auditorias de la ASF 5-A-09000-04-0743743-DS-GF, 16-A-09000-04-0717 717-DS-GF y 2018-A-09000-22-0691-2019 691-DS-GF.

6. Falta de mantenimiento: causa-raíz del desplome

La falta de mantenimiento de la Línea 12 del Metro fue uno de los factores de la causa-raíz del desplome de la trabe de la interestación Los Olivos-Tezonco el lunes 3 de mayo de 2021.

La falta de mantenimiento fue la causa del cierre parcial de la Línea Dorada entre 2014-2015.

Y así lo hizo saber el Consorcio Constructor al denunciar que, por más de cuatro meses, la administración del Sistema de Transporte Colectivo Metro, a cargo de Joel Ortega Cuevas, no les permitió dar el mantenimiento pactado, lo que provocó que el desgaste ondulatorio "severo" obligara a cerrar, meses más tarde, parcialmente la línea.

El desgaste ondulatorio, ese fenómeno presente en todos los sistemas férreos del mundo, fue la causa de ese cierre que, aunado a la falta de mantenimiento, contribuyó al deterioro prematuro de la Línea 12.

Las conclusiones de Systra, contratada por el Gobierno de la Ciudad de México por medio de la Secretaría de Obras entre 2012-2018, y del Colegio de Ingenieros Civiles de México, contratado por la Asamblea Legislativa del Distrito Federal por la Comisión Especial que investigó el primer cierre de la línea, dictaminaron que el efecto del desgaste ondulatorio en las vías, la deformación de las ruedas y en las instalaciones fijas fue la causa principal del cierre.

¿Cómo se pudo evitar ese primer cierre? Sencillo, permitiendo el mantenimiento diseñado por los constructores para que la operación de la línea fuera la óptima. Después, sabiendo que el desgaste ondulatorio aparecería en algún momento de la vida útil de la Línea 12, haber contado con la esmeriladora tangencial y la multicalzadora-niveladora hubieran sido las herramientas adecuadas para corregir el desgaste ondulatorio.

Pero eso no se hizo, o al menos no tenemos información precisa de cómo y cuándo se realizó el mantenimiento en la Línea 12.

Recordemos que *los peritos contratados por el Consorcio Constructor y el Gobierno de la Ciudad de México en el juicio mercantil afirmaron, en un proceso judicial, que no había información disponible de cómo se operó la línea desde febrero de 2013. El juicio concluyó en 2017.*

Hay un elemento sustancial que durante los casi 10 años de operación de la Línea 12 ha pasado, si no desapercibido, sí ha sido poco discutido y que, junto con la falta de mantenimiento constituye uno de los elementos más importantes para explicar el desplome: el sobrepeso que le impusieron a la Línea 12 durante la "rehabilitación" de 2014-2015.

Ese *sobrepeso* provocó que la Línea 12 *perdiera la dictaminación y certificación de la calidad y la seguridad de la operación obtenida el 30 de octubre de 2012.*

En el momento que se pierde la recomendación del CC por no realizar el mantenimiento preventivo y correctivo conforme a los programas y manuales de mantenimiento, se redujo la capacidad del Metro para dar un servicio de transportación en condiciones de seguridad para los pasajeros con el que funcionó la Línea 12 del 30 de octubre de 2012 hasta su cierre en 2014.

Lo anterior quedó de manifiesto en el informe de Systra del 29 de agosto de 2014, "Acciones Correctivas de la Línea 12", del que se desprende que:

> d) *existieron deficiencias en el mantenimiento desde la puesta en operación (30 de octubre de 2012) a la suspensión del servicio (12 de marzo de 2014) y la falta de gestión de los problemas* detectados y
> e) se llevaron *acciones necesarias para garantizar la seguridad de la operación que tuvieron como consecuencia acelerar la problemática en vía y tren.*

En ese informe, en su página 156 deja en claro que lo realizado por Joel Ortega en la Línea 12 del Metro provocó "rupturas de ciertos componentes [que] *son la consecuencia del desgaste ondulatorio y no la causa de éste*".

Súmese a esta condición de malas decisiones de operación el nulo o mal proceso del mantenimiento.

¿Cuáles fueron las malas decisiones que dañaron la Línea 12?

El desgaste ondulatorio prematuro se generó porque los trenes, en su etapa de recepción, pruebas y "familiarización" con las vías, circulaban por debajo de la velocidad de diseño, lo que provocó daño a las vías.

Ese daño (desgaste ondulatorio) pudo haberse corregido con mantenimiento preventivo, que se da todos los días al Metro en una jornada de trabajo con el uso de la reperfiladora y la multicalzadora. Pero Joel Ortega decidió mejor sustituir 900 metros de riel.

Cabe mencionar que la Comisión Investigadora de la Asamblea Legislativa del Distrito Federal en su informe de abril de 2015, en su página 98 afirma que a partir de la revisión documental de la *Comisión y sus Asesores Técnicos de la Asociación Mexicana de Ingeniería de Transportes*, que tuvieron a la vista, *se advirtió la existencia de diversos documentos que señalaban la falta de mantenimiento de la obra electromecánica como un problema cada vez más visible,* tal es el caso del dictamen del 14 de noviembre de 2013, que presentó la empresa ILF, quien representaba a un Grupo de Certificadoras Internacionales contratadas por el Proyecto Metro del Distrito Federal, y que señalaba acciones de implementación inmediata para atemperar la problemática, ya evidente en el Sistema de Vías de la Línea 12.[1]

Systra había advertido en su informe del 6 de junio de 2014 que el "Manual de mantenimiento de la Línea 12" debía adecuarse porque no se había encontrado en su primera versión, la que entregaron los constructores, alguna medida para tratar el tema del desgaste ondulatorio.

Por ello, era de suma importancia que se implementara un Plan de Mantenimiento Adaptado a la Línea 12 para disminuir y controlar la aparición y evolución del desgaste ondulatorio.

¿Cómo entender, entonces, el cierre de la Línea 12 en 2014 y hasta 2015?

Joel Ortega nunca ha respondido por qué impidió los trabajos de ICA, Carso y Alstom para darle mantenimiento a la Línea 12 por cuatro meses.[2]

Tampoco se han dado a conocer los motivos por los que se decidió, durante el proceso de "rehabilitación", incremen-

---

[1] Las cursivas son mías.

[2] Desplegado del Consorcio Constructor del 19 de marzo de 2014 en el periódico Reforma.

tar el peso de durmientes, balastro, rieles y fijaciones, otro de los elementos concurrentes en la causa-raíz del desplome del lunes 3 de mayo de 2021.

Otro punto del que no se dio mayor explicación fue que, con la reconfiguración de la Línea 12 —el sobrepeso en el viaducto elevado— se modificaran las condiciones de operación en relación con las especificaciones iniciales de construcción.

La disminución de la velocidad de los trenes, aunada al sobrepeso y la carencia de un programa de mantenimiento adecuado a la nueva estructura de la obra civil, provocó no solo el desgaste acelerado de los rieles y las ruedas de los convoyes, sino que a la estructura de la obra civil se le impusieran cargas adicionales que, irremediablemente, la iban a fracturar.

El 8 de mayo de 2014, el presidente de la Comisión Especial de la Asamblea Legislativa del Distrito Federal para la Línea 12, Jorge Gaviño, declaró a los medios de comunicación que el desgaste ondulatorio se debía a la falta de mantenimiento del Metro. Lo que queda por definir era si ese mantenimiento no se dio por omisión de ICA, Carso y Alstom o del Gobierno de la Ciudad de México.

Gaviño reconocía que la presencia del desgaste ondulatorio estaba presente en la mayoría de los sistemas de trenes férreos del mundo y que ese fenómeno pudo haberse evitado con mantenimiento. Es necesario recordar que los peritajes concluyeron que el desgaste ondulatorio fue más severo por la falta de mantenimiento.

Aquí es conveniente recordar, como lo hicimos en *Línea Dorada, los lobos al acecho. ¿Quién ordenó cerrarla?*, la participación de Stuart Grassie, el experto irlandés considerado el padre de los estudios en desgaste ondulatorio. Cuando cuestionó la suspensión del servicio, Joel Ortega no supo que responderle. Además, Grassie advirtió que el programa de adecuaciones que realizaba el gobierno de Miguel Ángel Mancera a la Línea 12 era, además de costoso, poco eficiente para remediar el fenómeno que se quería solucionar. Más aún, el consultor Michel Lannoye, en su reporte entregado el 10 de marzo de 2014, también detectó la falta de mantenimiento y expuso ocho acciones de mantenimiento para evitar que el deterioro de la Línea 12 se profundizara.

Queda claro que los trabajos de mantenimiento jamás se realizaron conforme a lo establecido en lo manuales.

Un ejemplo de la falta de mantenimiento lo encontramos en el oficio CG/CIST/1436/2017 del 4 de julio de 2017, en donde el contralor interno, arquitecto Carlos Enrique Mancera Covarrubias, le indica a Jorge Gaviño, director del Metro, que hay una observación en un contrato por 77 millones de pesos con la empresa TSO-NGE México S. A. de C. V., en la que la "Coordinación de Vías III NO VERIFICÓ que el proveedor realizara y cumpliera con las condiciones, especificaciones y calidad de los servicios estipulados en el contrato".

Esas condiciones denominadas "Actividades Especificación Técnica" no fueron verificadas

> directamente con el personal propuesto para la realización de cada una de las actividades de mantenimiento preventivo y correctivo paliativo, durante el periodo MARZO A DICIEMBRE DE 2016, así mismo [*sic*], no notificó por escrito ante las irregularidades el proceder para reparar o cumplir con lo establecido en el mismo; de igual forma la Coordinación de Normatividad y Contratación de Servicios en el Sistema de Transporte Colectivo, al elaborar y formalizar el contrato sin realizar una descripción completa de los servicios relacionada con sus pre-

cios unitarios y no establecer en coordinación con las áreas especializadas, los mecanismos de supervisión necesarios para vigilar a los proveedores prestaran con sus servicios conforme a lo establecido en el contrato…

¿Qué quiere decir esto? Que el Metro no supervisó a la empresa, en este caso TSO, que el mantenimiento a la Línea 12 se hiciera de manera correcta.

Esto no es todo. Si en esa auditoria no se tenía claro si TSO había realizado o no el mantenimiento preventivo o correctivo paliativo a la Línea 12 del Metro, ya había un antecedente de esa empresa, contratada desde los tiempos en que Joel Ortega era director del Metro, el cual reseño.

En el oficio CG/CISTC/1927/2016, el contralor interno Carlos Enrique Mancera Covarrubias le informa a Jorge Gaviño, directo del Metro, que la Gerencia de Adquisiciones y Contratación de Servicios había realizado la adjudicación del contrato para el servicio de mantenimiento preventivo y correctivo a los sistemas electrónicos, eléctricos, electromecánicos y de vías de la Línea 12 del Metro.

Esa auditoria detectó que la Gerencia de Adquisiciones y Contratación de Servicios elaboró y aprobó un contrato sin la Fianza de Responsabilidad Civil. Además, la Gerencia de Instalaciones Fijas autorizó un pago sin que las facturas del proveedor cumplieran con los requisitos del contrato o amparando trabajos NO ejecutados, así como los mantenimientos preventivos programados NO SE EJECUTARON en su totalidad.

¿Qué fue lo que el Metro pagó, pero que no se realizó?

- El Servicio de Mantenimiento Preventivo y Correctivo del Sistema de Vías de la Línea 12, que consistía en Órdenes de Trabajo y Planes de Mantenimiento preventivo anual, trimestral y mensual determinó que no se programó la actividad denominada Verificación de Trazo y/o Perfil en el tramo 2 desde PK4+580 hasta el fondo de Talleres Tláhuac. También se encontraron órdenes de trabajo que muestran trabajos incompletos y/o faltantes sin ejecutar para el tramo Atlatilco a Fondo de Mixcoac. Eso se traduce en trabajos pagados no ejecutados por 560 mil 838 pesos con 54 centavos.

- En el Programa Anual de Mantenimiento Preventivo y Preventivo Sistemático Línea 12 (vía principal y secundaria) no se programó la realización de esos trabajos en los meses de octubre, noviembre y diciembre de 2015, en el segundo tramo estación Tláhuac.

- Otra de las observaciones de la auditoría señala que a la empresa COMSA S. A. se le otorgaron "pagos" en exceso por el servicio de mantenimiento en septiembre de 2015. Y es que al hacer una revisión de las facturas de abril a noviembre de 2015 se detectó que en septiembre se realizó un pago en exceso por 414 mil 669 pesos. ¿Por qué el pago de más? En la factura de septiembre cobraron un día de más por el servicio de mantenimiento. Septiembre tiene 30 días y cobraron como si tuviera 31.

- Por tareas como guardia en horario de operación, recorrido de supervisión, mantenimiento programado de la vía, en forma manual y nivelación de línea contrarriel, fijaciones nabla y cerrojo (mantenimiento correctivo) el cobro de COMSA fue de 12 millones 854 767 pesos con 92 centavos por 31 días de trabajo en septiembre, cuando la cantidad correcta era de 12 millones 440 mil 97 pesos con 98 centavos.

- *COMSA entregó al Metro una Póliza de Responsabilidad Civil de Zúrich con el número 886103 que no le correspondía a esa empresa sino a COMSA, EMTE S. A. de C. V., que cubría el periodo del 30 de diciembre del 2015 al 30 de diciembre del 2015.*
- El Metro también *recibió facturas para pago sin contar con los comprobantes del pago de las obligaciones de la empresa ante el IMSS.*
- De los trabajos de *mantenimiento programado de enero a marzo de 2015, solo se realizaron 417 acciones de mantenimiento de las 895 que se debían realizar, es decir, el 53 por ciento de los trabajos de mantenimiento (417) no se ejecutaron. Eso solo es de 2015, ¿qué nos hace pensar que de 2015 a 2021 se desarrollaron todos los trabajos de mantenimiento programados?*

Por ello he insistido desde 2014 en que la falta de mantenimiento o el mantenimiento inadecuado o incompleto en la Línea 12 del Metro provocó, primero, el desgaste ondulatorio que "obligó" a Joel Ortega y Miguel Ángel Mancera a cerrar por 18 meses la línea y que, por ende, el desplome del lunes 3 de mayo de 2021 también fue producto de la falta de mantenimiento. Ahora sabemos que el desgaste en la obra civil lo provocó el peso añadido a las trabes. Los pernos siguen ahí, pero no como factor que determinara el desplome.

La causa-raíz de la tragedia de la Línea 12 del Metro tiene que ver, sin temor a una equivocación, con la falta de mantenimiento.

Quien diga lo contrario, está mintiendo.

7. Lunes 3 de mayo de 2021

Ese lunes será recordado como el día en que la omisión gubernamental causó la muerte de 26 ciudadanos y dejó heridos a más de cien.

La tarde de ese día, Hugo López-Gatell aseguraba que había una reducción en la transmisión de la COVID-19; ya eran 15 semanas con menos contagios, menos personas fallecidas por el virus y muchas menos hospitalizaciones.

Ese mismo día comenzaba en México la vacunación de personas de 50 a 59 años.

En varios países de Europa y algunas regiones de los Estados Unidos se relajaban las medidas sanitarias por la COVID-19.

En Jalisco y Colima había marchas por la desaparición de tres jóvenes desaparecidas.

Joe Biden anunciaba que Estados Unidos recibiría hasta 60 mil refugiados.

Bill y Melinda Gates anunciaban su divorcio tras 27 años de matrimonio.

Era un día "normal" en el ámbito de las noticias. Pero poco después de las 10 de la noche, desde el suroriente de la capital llegaba una noticia: una trabe de la Línea 12 del Metro se desplomaba. Veintiséis personas morirían en el derrumbe y un centenar más resultaban heridas.

Con apenas 8 años y 7 meses de operación, la Línea Dorada regresó al centro de la discusión pública. No se trataba ya de un cierre provocado por la falta de mantenimiento desde que la tomó el gobierno de Miguel Ángel Mancera en 2012. No era la suspensión de operaciones por un terremoto como el del 19 de septiembre del 2017.

La trabe de la interestación Los Olivos-San Lorenzo Tezonco se había desplomado mientras un tren circulaba en condiciones de operación normales.

Eran las últimas corridas de los trenes por las vías del Sistema de Transporte Colectivo-Metro.

Y era en la Línea 12 en donde ocurría la mayor desgracia en la historia moderna de la Ciudad de México después de los terremotos de septiembre de 1985 y 2017.

El orgullo de la ingeniería mexicana *durante más de medio siglo*, el Metro de la Ciudad de México, caía al suelo.

En la mente de casi todos vino el recuerdo de los señalamientos, falsos, de la época de Mancera sobre la construcción de la Línea 12.

Los augurios de tragedia pronunciados por Joel Ortega no habían sido precisos. Él había pronosticado un descarrilamiento de los trenes de CAF, cuando circularan por el viaducto elevado, y que caerían sobre las casas de los habitantes de Tláhuac.

Esto era más grave que lo anunciado por Ortega Cuevas.

La pregunta en los primeros minutos de la tragedia era ¿cómo es posible que esa trabe se desplomara si lo que estaba mal, según la versión del gobierno de Miguel Ángel Mancera, eran los rieles, las ruedas y los trenes de la Línea 12, pero no su obra civil?

Las redes sociales comenzaron a reportar el accidente. Fotografías y videos de la trabe en el suelo y un tren colgando sobre lo que fueron sus vías.

Como suele suceder ante este tipo de eventos, siempre, los usuarios de la Línea 12 o quienes pasaban por el lugar, solo pensaron en ayudar a quienes habían resultado heridos o estaban atrapados. Se buscaba afanosamente a las personas que se transportaban en el Metro y a los que circulaban a pie o en sus vehículos en la avenida Tláhuac.

Muchos recordaban lo que los usuarios decían en sus redes sociales desde 2015: el Metro vibraba, los trenes se tambaleaban. Había humedad de color café, marrón en las trabes. Muchos difundieron los videos de "arenilla" que caía en esa parte del tramo elevado de la Línea 12.

Pero las autoridades, de 2015 hasta el 3 de mayo del 2021, no hicieron nada.

El desplome de la trabe era la evidencia de que algo falló, y grave, en la Línea 12. La gran falla que provocó el derrumbe fue, sin duda alguna, la conjunción de la falta de mantenimiento adecuado y el peso adicionado. Así no se pudo garantizar la seguridad de los casi 500 mil usuarios que a diario viajaban en la Línea Dorada.

26 personas perdieron la vida trágicamente porque algunos funcionarios públicos no hicieron su trabajo.

Meses antes del desplome, los usuarios del Metro avisaron que la trabe no estaba igual. Los conductores y trabajadores del Metro reportaron a sus superiores desde que fue "rehabilitada" la línea en 2015, los trenes vibraban más de lo normal.

Los responsables del Metro, Andrés Lajous como secretario de Movilidad y presidente del Consejo de Administración del Metro, y su directora General y al mismo tiempo gerente de Mantenimiento, Florencia Serranía, dejaban que su jefa, Claudia Sheinbaum, fuera quien diera la cara.

La tragedia, considerada por Sheinbaum Pardo como un "incidente", provocó la muerte de 26 personas. Desde el primer momento buscó trasladar la responsabilidad del accidente a quienes construyeron la obra y dejar libres de culpa a quienes gobernaban y administraban el Metro ese 3 de mayo de 2021.

Quería trasladar la culpabilidad del desplome a los del pasado, y así poner a salvo sus aspiraciones políticas.

Sí, fue a la zona del desplome.

Sí, dijo que lo importante eran las víctimas y sus familias.

Pero la prioridad no fueron los afectados por la pésima administración y operación del Metro, sino blindar su carrera política.

Si recordamos, o buscamos en algún lugar, no hay una declaración de quien era responsable de operar y administrar el Metro para explicar a fondo lo sucedido. Claudia Sheinbaum no permitió que Florencia Serranía declarará cómo operaba la Línea 12 y todo el Sistema de Transporte Colectivo Metro.

Florencia Serranía, que ocupaba al mismo tiempo la Dirección General del Metro y la titularidad de la Gerencia de Mantenimiento, nunca dio su versión de los hechos en los que 26 personas perdieron la vida.

No obstante, tampoco sabemos, por qué están ocultas y qué dicen las bitácoras de operación y mantenimiento de la Línea 12. ¿Quién las oculta y con qué motivo?

Existen dos antecedentes que daban luz en la administración, operación y trabajos de mantenimiento del Metro sobre lo ocurrido el 3 de mayo de 2021:

1. El 11 de marzo de 2020 dos trenes de la Línea 1 chocaban en la estación Tacubaya. El accidente ocurría a

las 23:37 horas. El tren que estaba llegando a la estación Observatorio comenzó a moverse en reversa. Recorrió toda la inter-estación hasta chocar con el tren que estaba detenido en Tacubaya. El primer reporte daba un saldo de una persona muerta y más de 40 lesionados.

2. El otro "incidente" se registraba el sábado 9 de enero de 2021. El Puesto de Control Central 1 (PCC1) del Metro, se incendió a las 5 horas con 40 minutos. Murió una mujer policía.

El PPC1, ubicado en la calle de Delicias, en el Centro Histórico de la Ciudad de México, es un edificio en donde tiene sede la Dirección General del Metro.

A partir de ese momento, las líneas 1, 2, 3, 4, 5 y 6 suspendieron el servicio.

El incendio del PCC1 no ha sido resuelto a la fecha.

Ha trascendido que el resultado de los peritajes indica que el incendio en los transformadores del PPC1 se debió a la falta de mantenimiento. Con una vida útil rebasada por muchos años ya, el mantenimiento era vital no solo para que siguieran dando servicio para el control de los trenes del Metro, sino precisamente para evitar un accidente como el que ocurrió.

Hoy, el PCC1 no está ni rehabilitado y la administración Sheinbaum no tiene la mínima intensión de regenerarlo.

El control del tránsito de los trenes de las líneas 1, 2, 3, 4, 5 y 6 estaría ubicado en el C5 (Centro de Comando, Control, Cómputo, Comunicaciones y Contacto Ciudadano de la Ciudad de México) en donde también confluye el Centro de Atención a Emergencias y Protección Ciudadana de la Ciudad de México y Locatel.

En esa área, ubicada en Tlaxcoaque, se realiza el monitoreo de las calles de la CDMX, se reciben las llamadas de emergencia del 911, las denuncias anónimas en el 089 y las del 5658111 de Locatel.

El peligro que supone que el control que tendría el C5 de esas seis líneas del Metro es que el nuevo Puesto de Control no contaría con un tablero y/o pantalla óptica en la que los controladores tuvieran a la vista en dónde está cada convoy, sino que la regulación de los trenes se daría por cámaras CCTV y con el sistema de comunicación Matra, que nunca sirvió desde que Joel Ortega lo contrató.

Anualmente, según los datos de Sistema de Transporte Colectivo-Metro, esas seis líneas tienen una afluencia anual de 441 millones 276 mil 492 usuarios.

Línea 1	131 millones 653 mil 415 usuarios
Línea 2	113 millones 531 mil 453 usuarios
Línea 3	107 millones 534 mil 584 usuarios
Línea 4	15 millones 932 mil 642 usuarios
Línea 5	49 millones 90 mil 953 usuarios
Línea 6	23 millones 533 mil 445 usuarios

Las tragedias de Tacubaya, el PCCI y la Línea 12 del Metro tienen un factor común: no hubo el mantenimiento que requiere el Sistema de Transporte Colectivo Metro en los últimos nueve años.

Habrá quien quiera ver más evidencias de ello. Aquí hay pruebas de que los trabajos de mantenimiento se pagaron, pero no se realizaron; se contrató una y otra vez a empresas como TSO y COMSA que debían dar el mantenimiento y no lo realizaron al cien por ciento.

Le incrementaron el peso al viaducto elevado de la Línea 12 y eso, sumado a la falta de mantenimiento, es lo que provocó el desplome en Los Olivos-Tezonco.

El trágico lunes 3 de mayo de 2021 se puede repetir si no se comienza a dar el mantenimiento que requiere todo el sistema Metro.

Los antecedentes están claros. La responsabilidad no es de los gobiernos pasados, como quieren señalar, es de la actual administración la capital del país.

8. La investigación de la FGJCDMX

El 14 de octubre de 2021, la Fiscalía General de Justicia de la Ciudad de México (FGJCDMX) presentó los resultados de sus investigaciones sobre el colapso de la trabe de la interestación Los Olivos-Tezonco de la Línea 12 del Metro.

Para la Fiscalía capitalina, el derrumbe fue provocado por fallas estructurales y omisiones en el proceso de construcción de la Línea 12.

Las conclusiones de la FGJCDMX son idénticas a los que DNV "encontró" en sus primeros reportes.

Pero, a diferencia de DNV, la fiscalía concluyó que ningún tipo de mantenimiento habría prevenido la tragedia.

Lo que la FGJCDMX no tenía previsto a la hora de presentar sus conclusiones es que los expertos de DNV sí encontraron como causa-raíz del desplome la falta de mantenimiento de la Línea 12 del Metro.

La fiscal Ernestina Godoy determinó que los culpables del derrumbe eran "personas morales y físicas" involucradas en la construcción de la Línea 12 y que contra ellos emprendería acciones por los delitos de homicidio, lesiones y daño a la propiedad.

Pero la fiscal Godoy no quiso dejar ninguna puerta abierta si, en el transcurso del juicio en contra de esas personas morales y físicas, se interponía la verdad de lo sucedido el 3 de mayo de 2021; por ello la urgencia de que las víctimas aceptaran la reparación del daño a la brevedad.

Una de las personas morales a las que la FGJCDMX señalaba como responsable de la tragedia era Carso Infraestructura y Construcciones, empresa de Carlos Slim.

También señaló a exfuncionarios de Proyecto Metro del Distrito Federal, entidad creada para la construcción de la Línea 12. La principal tarea de Proyecto Metro era la de supervisar los trabajos del Consorcio Constructor (ICA, Carso, Alstom).

Sin embargo, hay un dato que resulta no solo relevante sino imprescindible para aclarar todo el proceso de construcción de la Línea 12. No se ha llamado a declarar al ingeniero Alejandro Vázquez Vera, constructor de varias líneas del Metro y supervisor de la obra que se desplomó. ¿Por qué no ha comparecido? La respuesta es, tal vez, que las teorías de que la Línea Dorada se construyó mal se derrumbarían.

Ernestina Godoy no emprendió acciones penales en contra de las empresas supervisoras y certificadoras que avalaron, centímetro a centímetro, la construcción de cada metro de la Línea 12.

Y tal vez no lo hizo porque sus investigaciones habrían revelado que el sobrepeso y la falta de mantenimiento eran, en realidad, la causa-raíz del desplome.

Una vez que el empresario Carlos Slim se reunió con el presidente Andrés Manuel López Obrador y acordaron que Claudia Sheinbaum ya no hablara más del tema de la Línea 12, Grupo Carso se hizo cargo de la rehabilitación de la obra.

A partir de ese momento, la presión de la FGJCDMX en contra de Grupo Carso cesó. Lo que sí se facilitó fue que Carso pudiera encontrar los mecanismos para que las familias de las víctimas pudieran llegar a un acuerdo reparatorio con la empresa.

A finales de abril de 2022, al menos el 90 por ciento de las víctimas ya tenía firmado un acuerdo con Carso.

Eso no sucedía con las personas físicas acusadas por Ernestina Godoy de haber provocado el desplome.

Uno de los acusados, y el más visible de ellos, es Enrique Horcasitas. Por segunda vez fue llamado por el Poder Judicial de la Ciudad de México para comparecer, ahora por delitos de homicidio, daño en la propiedad y lesiones.

Enrique Horcasitas fue el director de Proyecto Metro, organismo creado para construir la Línea 12. Él supervisó la construcción de la Línea 12, la cual fue avalada por instancias nacionales e internacionales.

Igual que en 2014 y hasta finales de 2020, quienes fueron los encargados de Proyecto Metro son sometidos a juicios, aún y cuando su responsabilidad en los procesos de construcción no fue suya, sino de las empresas del Consorcio Constructor y de las empresas certificadoras.

Sin embargo, al igual que la jefa de Gobierno, la fiscal Godoy asentó que la falta de pernos era la causa única de la tragedia de Tláhuac.

El vocero de la fiscal, Ulises Lara, declaró que se

encontró que en los tramos en donde se desprendieron las losas de concreto de las vigas, la totalidad de los pernos fue instalada deficientemente, con patrones irregulares en la ubicación; asimismo, la adherencia sistematizada y generalizada de los conectores de cortante, con el patín superior de las trabes superiores y secundarias; esto incluye: falta de pernos; los pernos que sí se colocaron, en posición inadecuada, y la falta de fusión de los pernos de las vigas.

Así, descartaban la posibilidad de que la falta del mantenimiento u otro factor hubiera contribuido al derrumbe. No hubo ninguna declaración en la que se informara de TSO o COMSA, empresas encargadas de los trabajos de mantenimiento de la Línea 12 del Metro desde la época en que Joel Ortega era el director del Sistema de Transporte Colectivo-Metro.

Nada.

Como nada se sabe del incendio que provocó perder el Puesto de Control Central 1 (PCC1) que tiene a las líneas 1, 2, 3, 4, 5 y 6 en grave riesgo, pues se "controla" vía Matra, la comunicación vía radios que jamás funcionó.

Matra fue contratada por Joel Ortega, la empresa reconoció que su sistema no era funcional para el Metro de la Ciudad de México. Aun así, Matra fue recontratada hace unos meses por el gobierno de Claudia Sheinbaum y pretende eliminar al PCC1 y controlar los trenes desde el C5.

Puede ser que desde el C5 se tenga un controlador "espejo" en caso de un accidente como el del PCC1, sin embargo, el Metro, como organismo público descentralizado, debe tener su propio puesto de control.

El incendio del PCC1 también fue provocado por la falta de mantenimiento. Todos los documentos de la investigación de ese incendio están bajo reserva, igual que lo referente a la Línea 12 desde febrero de 2014, según consta en la sentencia del juicio mercantil del Consorcio Constructor contra el Gobierno de la Ciudad de México.

Para ello, es importante descartar que el mantenimiento no fue la causa del desplome.

Pero el Gobierno de la Ciudad impide llegar a eso. No da a conocer la bitácoras de mantenimiento realizadas por sus trabajadores y las empresas contratadas para realizarlo.

Tal vez las aseguradoras de la Línea 12 no paguen lo contratado pues, si no hubo mantenimiento, se pierden las coberturas.

Aceptar que la falta de mantenimiento fue la causa-raíz del desplome comprometería las aspiraciones presidenciales de Claudia Sheinbaum, quien encabeza el grupo político al que pertenece la fiscal Godoy.

¿Es posible confiar en la Fiscalía General de Justicia de la Ciudad de México?

La pregunta es pertinente luego de que la Suprema Corte de Justicia de la Nación reveló que, en un caso de máximo interés público, la Fiscalía capitalina inventó un delito en contra de Laura Morán y Alejandra Cuevas, ambas acusadas por el fiscal de la nación, Alejandro Gertz de haber causado la muerte de su hermano Federico por omisión, y la fiscalía de la ciudad las persiguió por un delito que no existe en ningún código penal de nuestro país.

No hay delito sin ley, afirmó el ministro Alfredo Gutiérrez Ortiz Mena cuando derrumbó la ilegal actuación del Ministerio Público de la Ciudad de México.

Si la FGJCDMX inventó un delito para encarcelar a una persona, como el caso que señalo, ¿es posible que no lo hiciera en el de la Línea 12? Sin duda.

La fiscalía tiene trabajo para identificar a los verdaderos responsables, que no son ni Enrique Horcasitas ni Alejandro Vázquez Vera ni las personas a las que quieren encarcelar para justificar el "¡fueron los pernos!".

Fue el mantenimiento. Fue el sobrepeso. No fueron, ni han sido nunca, solo los pernos.

9. A manera de conclusión

El lunes 3 de mayo de 2021 quedará registrado como un día negro en la historia de la Ciudad de México.

La muerte de 26 personas que viajaban en la Línea 12 del Metro se pudo evitar. Las evidencias que hemos presentado así lo indican.

Peor aún, hoy sabemos, con estos documentos que presentamos, que no solo la Línea 12 tuvo una deficiente operación y una falta de mantenimiento que derivó en el derrumbe que causó una tragedia. Hoy hay certeza de que es todo el Sistema de Transporte Colectivo el que está comprometido.

Son casi cinco millones de usuarios que se transportan diariamente en el Metro en sus 11 líneas en operación.

Hoy, las líneas 1, 2, 3, 4, 5 y 6 son controladas a ciegas.

Desde el incendio del Puesto de Control Central 1, los conductores de los trenes son controlados vía teléfono celular, pues el sistema Matra no funciona. Un alcance de trenes es potencialmente posible en cualquier momento.

La seguridad de los usuarios y de los trabajadores del Sistema de Transporte Colectivo Metro está expuesta ante la falta de mantenimiento, la operación inadecuada y con signos de que la infraestructura puede colapsar.

El desplome de la Línea 12 de Metro debe dejarnos muchas lecciones, pero parece que no lo queremos entender.

En el caso del mantenimiento, los trabajadores del Metro no son los principales responsables de su realización. Desde 2012 se dejó en manos de empresas externas muchas de las actividades que desde su inauguración tenía el personal del sistema.

La operación también debe preocuparnos, más ahora que se quiere que el Puesto de Control Central 1 quede instalado en el C5. La vocación de un sistema superficial, terrestre, como lo es el C5, no es compatible con un puesto de mando como lo es el PCC1.

El financiamiento del Metro debe ser tripartita, si es que aún queremos subsidiar el costo del viaje. Para financiar al Metro se requiere de la participación de la Federación y de los gobiernos de la Ciudad y del Estado de México. Los gastos de operación y mantenimiento solo serán suficientes cuando se involucren estas tres entidades de gobierno.

Tal vez no se entienda que el Metro no es solo el sistema más eficiente de transporte de la Zona Metropolitana de la Ciudad de México, sino que es uno de los mejores y más eficaces programas sociales con los que cuentan el Gobierno federal y el de la Ciudad de México, al que se podría sumar el Gobierno del Estado de México en beneficio de los usuarios del Metro.

Si cambia la concepción de que los recursos del Metro son un gasto excesivo del erario, estaremos errando en los diagnósticos no solo para mantener las condiciones de operación al sistema, sino que habrá pocas posibilidades de hacerlo crecer con más líneas y mejores condiciones de seguridad.

El Metro de la Ciudad de México fue la solución de nuestro tiempo, como rezaba su eslógan en los ochenta, cuando cumplía 20 años de servicio.

El Metro es el medio de transporte que le da sustento a la Ciudad de México, su zona conurbada y, también, a quienes al llegar a la capital de la megalópolis, deciden transportarse en Metro. Es el sistema nervioso y, al mismo tiempo, el sistema de circulación de nuestra capital.

El Metro tiene que regresar a su esencia: ser el medio de transporte público más rápido, el más cómodo, el más limpio y, principalmente, el más seguro.

Si el Gobierno de la Ciudad de México y DNV no nos dicen la verdad y reconocen que la falta de mantenimiento, el sobrepeso y la mala operación en la Línea 12 y hasta la falta de pernos, fueron las condiciones que provocaron el derrumbe, estaremos condenados a presenciar una nueva tragedia como la del fatídico lunes 3 de mayo de 2021.

Y los que viajamos en Metro todos los días del año, somos víctimas potenciales de una tragedia, si DNV y el Gobierno no dejan de lado sus intereses políticos y económicos.

Un nuevo 3 de mayo está latente.

IN MEMORIAM

Carlos Emmanuel Pineda Bernal
Immer del Águila Pineda
José Juan Galindo Soto
Jesús Baños García
Liliana López García
Cristian López Santiago
Angélica Segura Osorio
Melitón Velasco López
Ismael Salazar Juárez
Idelfonso Barrios Castañeda
Miguel Ángel Espinoza Flores
Nancy Lezama Delgado
Evaristo Lucas Santiago

Santos Reyes Pérez
Alejandro Mendoza Vega
Brandon Giovanni Hernández Tapia
Sergio Valentín Rodríguez Salcedo
Mario Alberto Bautista Sánchez
Miguel Ángel Vázquez Castellanos
Juan Luis Díaz Galicia
José Luis Hernández Martínez
René Jorge García Méndez
Gabriela Ramírez Medina
Gildardo Rodríguez Galicia
Araceli Linares Xiques
Lorenzo Islas Cruz

Timeline Línea 12 Metro CDMX. Las fechas emblemáticas

2007	2008	2009	2010	2011	2012	2013	2014
Marcelo Ebrard Casaubón							
Consulta	Diseño y construcción						

1   2   3   4   5

1	26 / 7 / 2007	Marcelo Ebrard promueve la "Consulta Verde" para determinar los proyectos urbanos de su gobierno. Participan poco más de un millón de personas. Se determina la construcción de una nueva línea del Metro. También, por mayoría, se define que esa línea, la 12, vaya de Tláhuac a Mixcoac.
2	**2008**	Se forma el Consorcio Constructor de la Línea 12, conformado por Ingenieros Civiles Asociados, (ICA); Carso Infraestructura y Construcciones (CICSA) y Alstom.
3	30 / 10 / 2012	Se inaugura la Línea 12. Participan en el evento Marcelo Ebrard, jefe de Gobierno de la Ciudad de México; Felipe Calderón, presidente de México; Miguel Ángel Mancera, jefe de Gobierno electo; Carlos Slim, dueño de CICSA; Cuauhtémoc Cárdenas, primer jefe de Gobierno de la CDMX; representantes diplomáticos y empresariales.
4	13 / 10 / 2013	Cierre parcial de estaciones del tramo elevado por mantenimiento nocturno de vías en el tramo elevado. Alerta Joel Ortega de posibles descarrilamientos.
5	11 / 3 / 2014	Joel Ortega, director del Metro declara que la Línea 12 del Metro está mal construida. Dice que el viaducto elevado es un riesgo para la seguridad de los usuarios.
6	15 / 3 / 2014	La Asamblea Legislativa del Distrito Federal crea una Comisión Especial que dará seguimiento a los trabajos de rehabilitación de la Línea 12.
7	15 / 4 / 2015	La Comisión Especial de la ALDF presenta su informe final. Asegura que hubo fallas en concepción y planeación. También asegura que el deficiente mantenimiento provocó daños a vías en la Línea 12
8	29 / 11 / 2015	La Línea 12 reinicia operaciones, después de más de año y medio, en toda su extensión.

| 2015 | 2016 | 2017 | 2018 | 2019 | 2020 | 2021 |

| Miguel Mancera Espinoza | Claudia Sheinbaum Pardo |

Operación y mantenimiento

| 7 | 8 | 9 | 12 | 13 | 14 | 15 |

10/11

9	2017	Juicio Mercantil entre el Gobierno de la Ciudad de México y el Consorcio Constructor. El gobierno de Miguel Ángel Mancera exige que el Consorcio pague los gastos provocados por el cierre de 2014-2015, además de trabajos no realizados. El Consorcio Constructor asegura que le deben el pago de trabajos no realizados y fuera del contrato. La Ciudad de México le paga, al final, alrededor de 2 mil 500 millones de pesos al Consorcio Constructor luego del juicio.
10	**19 / 9 / 2017**	Se registra un terremoto en la Ciudad de México. En la Línea 12 se descarrilan dos trenes. Se denuncian daños en las estructuras del Viaducto Elevado. Se detecta una falla en una columna y se determina que, entre La Nopalera y Zapotitlán, se desplazó una trabe.
11	9 / 2017	Cierre parcial Línea 12 por daños causados por el terremoto. La rehabilitación corre por cuenta de Carso, Colinas de Buen, Construcción de Obras para el Transporte, TSO y Systra. Las cuatro últimas empresas fueron contratadas por Carso.
12	9 / 1 / 2018	Se reabre la Línea 12 en toda su extensión
13	2019	En los meses finales de ese año, el Gobierno de la Ciudad de México realizó un estudio del comportamiento estructural y geotécnico del viaducto elevado de la Línea 12. Esa labor la realiza la empresa Ingeniería, Servicios y Sistemas Aplicados. Los resultados indicaron que no había riesgos para la operación de la Línea 12.
14	6 / 2020	Se realiza revisión protocolaria de los viaductos elevados del Sistema de Transporte Colectivo Metro, incluido el de la Línea 12. No encuentran fallas.
15	**3 / 5 / 2021**	Desplome Línea 12 del Metro, interestación Los Olivos-Tezonco. 26 personas mueren y alrededor de 100 resultan heridas.

Ciudad de México, a veintidós de Marzo de dos mil diecisiete.

VISTOS, para dictar **SENTENCIA DEFINITIVA**, en los autos del juicio **ORDINARIO MERCANTIL** sustanciado bajo el expediente número 492/2016, promovido por **INGENIEROS CIVILES ASOCIADOS, S.A. DE C.V., CARSO INFRAESTRUCTURA Y CONSTRUCCIÓN, S.A. DE C.V.** y **ALSTOM MEXICANA, S.A. DE C.V.** en contra del **GOBIERNO DE LA CIUDAD DE MÉXICO** antes **GOBIERNO DEL DISTRITO FEDERAL**, y como tercero llamado a juicio **SISTEMA DE TRANSPORTE COLECTIVO**; y,

- - - - - R E S U L T A N D O - - - - -

1. Mediante escrito presentado el veintisiete de mayo de dos mil dieciséis, ante la Oficialía de Partes Común de este H. Tribunal Superior de Justicia, se apersonaron a juicio las sociedades denominadas **INGENIEROS CIVILES ASOCIADOS, S.A. DE C.V., CARSO INFRAESTRUCTURA Y CONSTRUCCIÓN, S.A. DE C.V.** y **ALSTOM MEXICANA, S.A. DE C.V.**, a través de su apoderado, a demandar en la vía Ordinaria Mercantil del **GOBIERNO DE LA CIUDAD DE MÉXICO** antes **GOBIERNO DEL DISTRITO FEDERAL**, el cumplimiento de las siguientes prestaciones:

"... I. La declaración judicial que dicte su Señoría en sentencia definitiva por la que se declare que mis representadas ejecutaron en su totalidad el presupuesto y correspondiente monto fijado en el Contrato de Obra Pública a Precio Alzado y Tiempo Determinado número 8.07 C0 01 T.2.022, base de la acción; cuya procedencia se explicará y acreditará al tenor de los hechos del presente escrito inicial de demanda, así como de los documentos y pruebas que se exhibirán y desahogarán en autos.

II. La declaración judicial que dicte su Señoría en sentencia definitiva por la que se condene a la demandada, a pagar en favor de mis representadas la cantidad de $351,833,333.99 (Trescientos Cincuenta y Un millones Ochocientos Trescientos y Tres mil Trescientos Treinta Tres pesos 99/100 M.N.) más el impuesto al valor agregado, por concepto del adeudo existente en relación al monto original pactado en el Contrato de Obra Pública a Precio Alzado y Tiempo Determinado número 8.07 C0 01 T.2.022, base de la acción, mismo que fue ejecutado en su totalidad por mis representadas; cuya procedencia se explicará y acreditará al tenor de los

de alimentación y distribución de energía eléctrica, sistema de instalaciones mecánicas, sistema de señalización, sistema de mando centralizado, sistema de telecomunicaciones, sistema de peaje, sistema de pilotaje automático, así como las pruebas de las mismas.

Es importante señalar que dentro de la documentación señalada, se tiene la minuta del 8 de julio del 2013 "relativa a la conversión de preliminar en definitiva, en cuanto a la entrega que el 30 de octubre de 2012, hizo el Proyecto Metro del Distrito Federal (PMDF), en su carácter de administrador del citado contrato, al Sistema de Transporte Colectivo (STC), en su carácter de organismo operador, respecto de la expresada Línea 12 Tláhuac-Mixcoac, para su inmediata puesta en servicio con pasajeros".

Observamos que en esa entrega de la obra al STC, se señaló lo siguiente dentro del inciso IV.3:

Que desde el 30 de octubre del 2012, el STC ha venido operando regularmente la expresada Línea 12, misma que fue certificada por el Consorcio Certificador (DBI-ILF-TUV-HC) para ponerse en servicio con pasajeros.

Asimismo, en el inciso IV.5, se indicó:

Que respecto a la construcción de la mencionada Línea 12 Tláhuac-Mixcoac del Sistema de Transporte Colectivo, con todo cuanto dicha obra pública debe implicar, existen diversos trabajos faltantes o mal ejecutados que se describen en los documentos que se agregan a la presente minuta como anexos 05, 06, 07, 08 y 09, para formar parte de la misma, pero que no impiden el servicio regular y seguro de dicha línea.

Sin embargo, para que este Cuerpo de Peritos revisara la totalidad de los trabajos faltantes o mal ejecutados que se señalaron en dicha minuta, no se contó con una actualización de los trabajos completados y/o corregidos con posterioridad al 8 de julio del 2013, lo que nos impidió establecer el grado de cumplimiento y/o corrección de los hallazgos realizados por el Gobierno de la Ciudad de México.

Por lo tanto, con los elementos de análisis que se tuvieron, se pudo detectar lo siguiente:

· Los trabajos identificados como "mal ejecutados", corresponden a detalles de obra, que debieron ser corregidos por parte del Consorcio Constructor.

· Varios de los trabajos identificados como faltantes, corresponden a obras o trabajos extraordinarios que estaba solicitando el Gobierno del Distrito Federal.

· Todos los pagos que se hicieron corresponden a trabajos ejecutados.

Este Cuerpo de Peritos expresa que, de acuerdo a su experiencia, no es sorpresivo ni extraordinario que después de concluida una construcción del tamaño y complejidad como la Línea 12, se identifiquen diversos detalles de obra, considerando la gran cantidad de elementos individuales que se integran en el desarrollo de los trabajos, mismos que debieron ser corregidos por el Consorcio Constructor o en su defecto constituyen vicios ocultos que no impiden la operación de la obra ni el hecho de que el objeto de su construcción se cumplió, lo anterior se analiza en los apartados correspondientes del presente Dictamen pericial.

Por lo tanto, se concluye que técnicamente si se ejecutaron las instalaciones electromecánicas, el sistema de vías, el sistema de alimentación y distribución de energía eléctrica, sistema de instalaciones mecánicas, sistema de señalización, sistema de mando centralizado, sistema de telecomunicaciones, sistema de peaje, sistema de pilotaje automático, así como las pruebas de las mismas, en cumplimiento del Contrato de Obra Pública 022, y que en función de las declaraciones de las mismas autoridades del Gobierno de la Ciudad de México, los trabajos mal ejecutados no impiden el servicio regular y seguro de la Línea 12 del Metro.

Por lo tanto, este Cuerpo de Peritos concluye que técnicamente si se ejecutaron las obras civiles correspondientes a la Línea 12 del Metro de

DICTAMEN TÉCNICO DEL SINIESTRO OCURRIDO EN LA LÍNEA 12, EN EL TRAMO ELEVADO ENTRE LAS ESTACIONES OLIVOS Y TEZONCO, ENTRE LAS COLUMNAS 12 Y 13, Y ANÁLISIS DE CAUSA-RAÍZ

First report-Phase 1 of Third-Party Technical Opinion

CLIENT: Secretaría de Gestión Integral de Riesgos y Protección Civil de la Ciudad de México

Reporte No.: T1148816-2021-SGIRPC-ACR-L12

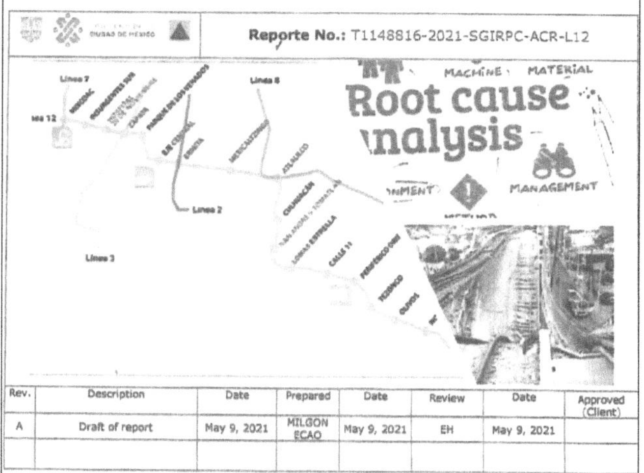

Rev.	Description	Date	Prepared	Date	Review	Date	Approved (Client)
A	Draft of report	May 9, 2021	MILGON ECAO	May 9, 2021	EH	May 9, 2021	

- Cross-member tying T6 to North Girder failed at 2 welds. No obvious evidence of pre-existing cracks, although further inspection is necessary.

VIII.   PRELIMINARY LINES OF INVESTIGATION

Based on the main findings during the onsite visit investigation, the specialist team from DNV judged the following as the preliminary lines of investigation.

These hypotheses will be discussed and analyze further, so that based on facts and document review, they can be accepted or rejected and establish the probability of occurrence:

1) Lateral-torsional buckling of the steel girders

Lateral-torsional buckling is a potential failure mode of steel girders. Under bending, the girder moves in vertical direction, while at the same time it moves horizontally and rotates.

Main Cause:

Nelson bolts are disconnected from the main girder over a certain length in mid span of the bridge. Horizontal connection between steel girder and concrete slab is removed. With removed connection and loss of composite action, torsion and lateral movement of the main girder is now possible. This may lead to lateral-torsional buckling of the main girder. When this happens the capacity of the main girders are reduced until the viaduct collapses.

Secondary Causes (disconnected stud bolts):

1. Weld connection was poor or not existent. The holes were not at the correct position to install the stud bolts. Holes were drilled when the precast section was installed on top of main girders. The steel surface of upper flange might have been affected by the drilling tool. The drilled holes might not have been properly cleaned from bore hole cuttings.
2. Weld connection might have been damaged/ruptured during the 2017 earthquake.
3. Heavy vibrations were reported at the beginning of railway operations after opening of the line 12. This might have been induced fatigue cracks in the stud bolt welds damaging the bolt connection and reducing its capacity. Countermeasures were taken to eliminate these vibrations after a while.
4. After repairs even normal train operations might represent fatigue loads on the weld connection between bolts and main girder due to exposure to many operation cycles (daily train operation).

Note that any one of the above items might have been the reason for losing the stud bolt connection, but could also have been a combination of several of the causal mechanisms stated.

2) Crushing of the concrete slab in mid-span

Crushing failure of concrete occurs when the ultimate capacity of the concrete compressive zone is reached.

Main Cause:

The bridge represents a simply supported beam. This beam is mostly loaded in mid-span due to bending. The beam is made by a composite construction. The main steel girder with the large lower flange is supposed to ta Influence of static/ dynamic load introduced by rolling stock and potential vibrations potentially inducing fatigue over the infrastructure subsystem. Vibration levels during initial operation period (2012 – 2014) are deemed to be higher due to deficient train – track interaction (which led to excessive wear on track components such as rails, fastenings and sleepers). During this period, absortion of vibrations could also have been lessened by underperforming ballast. Repairs and modifications on the line were meant improve train – track interface and thus reduce vibration, especially in areas where a new rail type was introduced (tight curves in the elevated section, albeit this does not include the affected area). ke the tension forces due to global bending. The concrete slab takes the compression force of global bending. Crushing of the concrete in mid span removes suddenly the compression fiber of the composite beam. The compression force due to global bending is then shifted to the relatively weak upper steel flange of the main girder. This may lead to buckling/ lateral-torsional buckling of the main girders which then leads to an insufficient bearing capacity of the bridge.

Reason of concrete crushing:
1. Poor quality of concrete (will be checked by lab testing)
2. Poor quality of fabrication.
3. Earthquake loads from 2017 damaged the concrete slab. What kind of inspections were done after 2017 earthquake?
4. Due to vibrations reported from the beginning of operation of metro line 12 induced fatigue cracks which increases with operation time. However, concrete is not supposed to be fatigue sensitive. To be discussed with specialists. Can this be verified by lab investigations?

Note that any one of the above items might have been the reason for losing the stud bolt connection, but could also have been a combination of several of the causal mechanisms stated.

3) Influence of static/ dynamic load from the railway system

Influence of static/ dynamic load introduced by rolling stock and potential vibrations potentially inducing fatigue over the infrastructure subsystem. Vibration levels during initial operation period (2012 – 2014) are deemed to be higher due to deficient train – track interaction (which led to excessive wear on track components such as rails, fastenings and sleepers). During this period, absortion of vibrations could also have been lessened by underperforming ballast. Repairs and modifications on the line were meant improve train – track interface and thus reduce vibration, especially in areas where a new rail type was introduced (tight curves in the elevated section, albeit this does not include the affected area). (Under investigation, further details will be provided in due course)

4) Lack of maintenance on infrastructure – Civil work

This line refers to a potential deficit in maintenance of civil works elements from the railway system: infrastructure subsystem components that provide foundation for permanent way components (such as ballast, sleepers, rail fastenings, rails, track apparatus), trackside components, overhead line components and rolling stock. Infrastructure components include: settlements, pillars, concrete bridge, metallic girders, etc. (Under investigation, further details will be provided in due course).

5) Potential deficiencies in the design of various structures

(Under investigation, further details will be provided in due course)

DICTAMEN TÉCNICO DEL INCIDENTE OCURRIDO EN LA LÍNEA 12, EN EL TRAMO ELEVADO ENTRE LAS ESTACIONES OLIVOS Y TEZONCO, ENTRE LAS COLUMNAS 12 Y 13, Y ANÁLISIS DE CAUSA-RAÍZ

Dictamen Preliminar – Fase I

CLIENTE: Secretaría de Gestión Integral de Riesgos y Protección Civil de la Ciudad de México

Reporte No.: T1148816-2021-SGIRPC-ACR-L12 REV. 1

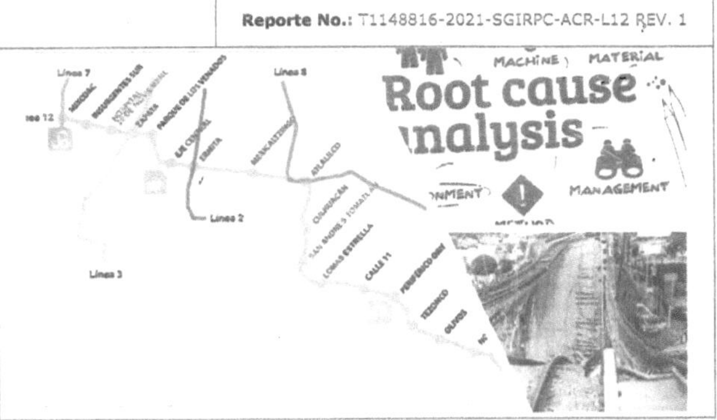

Rev.	Descripción	Fecha	Cargo	Nombre	Firma
1	Dictamen Preliminar	Jun 16, 2021	Project Sponsor	Eckhard Hinrichsen	
1	Dictamen Preliminar	Jun 16, 2021	Representante Legal	Ausencio López	

VIII. LÍNEAS DE INVESTIGACIÓN A LA FECHA

DNV continuará con la revisión de las evidencias documentales y de partes en los diferentes procesos a efectos de determinar la relevancia de cada uno de dichos hallazgos, así como su contribución con el incidente considerando las siguientes líneas de investigación:

- ¿El diseño ha sido apropiado para el sistema de la L12?

- ¿Cumplieron los materiales de construcción con lo requerido por el diseño?

- ¿Cumplió la ejecución de la construcción con lo requerido por el diseño?

- Otros factores posiblemente contribuyentes, tales como: operación, reparaciones y rehabilitaciones.

Metro de la Ciudad de México

Referencia MEX-S117-REP-0012-B

METRO DE LA CIUDAD DE MEXICO
DIAGNÓSTICO DE LA LÍNEA 12

Informe final

8.2 Síntesis del Diagnóstico

Los diferentes componentes de la vía (rieles, durmientes, sistema de fijación) tomados individualmente, están conformes a las normas internacionales, con la excepción del balasto, el cual cumple con la norma contractual. Sin embargo, se encuentran en los límites de las tolerancias permitidas por dichas normas.

Las rupturas de ciertos componentes son la consecuencia del desgaste ondulatorio o de defectos de construcción de la vía o de una combinación de ambos.

La calidad geométrica de la vía es irregular. Los levantamientos demuestran los defectos de nivelación longitudinal y transversal de la vía y la deficiente calidad geométrica y metalúrgica de las soldaduras. El reemplazo masivo de los durmientes en ciertas zonas tuvo, igualmente, efectos sobre el deterioro de la geometría.

El desgaste ondulatorio está presente principalmente en las curvas con radios inferiores a los 350m y en las vías desviadas de aparatos. De ello se deduce que el desgaste ondulatorio es producido por el reducido radio de curvatura ya que es el único parámetro común entre ambas configuraciones: los aparatos se colocan sin peralte y se recorren a una velocidad reducida.

En cuanto a los parámetros de diseño del material rodante, aunque tomados individualmente tengan poca influencia sobre el comportamiento dinámico del tren, la combinación de los elementos escogidos en la especificación y el diseño del material rodante no es la más adecuada y aumenta los esfuerzos de rozamiento transmitidos y disipados en la vía, es también otra causa importante del desgaste ondulatorio y deterioro de los elementos de la vía.

De hecho, las simulaciones, los ensayos y la experiencia, demuestran que el elemento determinante en la causa del desgaste ondulatorio es la deficiente compatibilidad entre material rodante de este tipo y curvas de radios inferiores a los 350 m. Redes tales como la SNCF y RATP no utilizan este tipo de radio de curvatura más que de forma muy excepcional, ya que **la aparición de desgaste ondulatorio es inevitable,** aun con material rodante de tipo metro. De igual modo, cuando se utilizan este tipo de radios de curvatura, es primordial implementar un plan de mantenimiento adaptado, con el fin de controlar la aparición y la evolución del desgaste ondulatorio.

El diseño, la realización y la calidad de los materiales de la vía no permiten absorber las energías que aparecen durante la operación de los trenes en la Línea 12, lo que genera rápidamente deterioros al nivel del equipamiento de la vía.

La velocidad, la calidad baja del balasto de caliza, el peralte pronunciado y la calidad irregular de la geometría de la vía son factores agravantes y no son la causa de la aparición del desgaste ondulatorio.

En relación con la infraestructura civil, el comportamiento de las obras en el tramo en viaducto es normal, no hay riesgo de desarrollo vibratorio bajo el paso de los trenes por problemas estructurales.

SYSTRA confirma que el origen principal de los desgastes es un problema del trazo de la vía combinado con las características del material rodante FE10, las cuales aumentan los esfuerzos de rozamiento transmitidos a la vía.

La ausencia de gestión de las interfaces entre los sistemas material rodante y vía, ha causado que no se haya previsto que el material rodante escogido crearía esfuerzos en la vía que no podrían ser asumidos por esta. Por ello, el diseño de la vía no ha podido adaptarse a los esfuerzos excesivos generados por el tren, los cuales, sumados a defectos de construcción de la vía, no han permitido un mantenimiento adecuado desde el inicio de la operación de la Línea para poder controlar el desgaste ondulatorio previsible.

8.3 Acciones correctivas

SYSTRA entrega junto a este informe el documento "Acciones Correctivas de la Línea 12", en cumplimiento a la etapa 2 de su prestación de servicio. El objetivo de las acciones correctivas es controlar el desgaste ondulatorio para poder restablecer el servicio en condiciones de seguridad y con unos costos de mantenimiento razonables. Las acciones correctivas serán dirigidas a:

- **Reducir la energía disipada en la vía,**
- **Reforzar la vía para absorber mejor las energías.**

CDMX
CIUDAD DE MÉXICO

DIRECCIÓN GENERAL
/ 2588 - B
11 ABR. 2016
OFICIALÍA DE PARTES
HORA: 18:10

Ciudad de México, Méx. a 11 de abril de 2016

CG/CISTC/**1927**/2016

ASUNTO: Informe de Auditoría y Reporte de Observaciones 021.

RECIBIDO
11 ABR 2016
NOMBRE. Arturo
HORA: 18:20

LIC. JORGE GAVIÑO AMBRIZ
DIRECTOR GENERAL DEL SISTEMA DE TRANSPORTE COLECTIVO
P R E S E N T E

En cumplimiento al oficio número CG/CISTC/011/2016 del 4 de enero de 2016, mediante el cual se notificó la Auditoría Número 021, con clave de Programa 250, denominada "Servicio de mantenimiento preventivo y correctivo a los sistemas electrónicos, eléctricos, electromecánicos y de vías de la Línea 12 del STC", con el objetivo de verificar que la Subdirección General de Administración y Finanzas a través de la Gerencia de Adquisiciones y Contratación de Servicios haya llevado a cabo el proceso de adjudicación (Licitación Pública, Invitación Restringida y Adjudicación Directa) de los contratos para el servicio de mantenimiento preventivo y correctivo a los sistemas electrónicos, eléctricos, electromecánicos y de vías de la Línea 12 del STC, con base en la Ley aplicable en la materia y la normatividad vigente cumplimentado en todos sus términos y condiciones de conformidad con lo establecido en los instrumentos jurídicos correspondientes así como la Subdirección General de Mantenimiento a través de la Gerencia de Instalaciones Fijas, haya dado mantenimiento preventivo y correctivo a los equipos e instalaciones electrónicas, eléctricas, mecánicas, hidráulicas y de vías de Línea 12, de acuerdo a los contratos celebrados para tal fin, realizada por este Órgano de Control Interno durante el primer trimestre del presente ejercicio, a la Subdirección General de Mantenimiento-Gerencia de Instalaciones Fijas; Subdirección General de Administración y Finanzas - Gerencia de Adquisiciones y Contratación de Servicios y diversas áreas del Organismo durante el período comprendido del 4 de enero al 1 de abril de 2016; sobre el particular, adjunto le remito los reportes que contienen las observaciones detectadas, causas, efectos y recomendaciones que se consideran procedentes para su solución, así como el informe de los resultados obtenidos, mismo que contiene el objetivo y alcance de la auditoría, limitantes para su ejecución, las observaciones generadas y las conclusiones obtenidas, a fin de coadyuvar a mantener la transparencia, legalidad, eficacia, imparcialidad y eficiencia de su gestión, así como el adecuado control interno del servicio encomendado a las áreas a su digno cargo.

De acuerdo con los resultados obtenidos, se concluye que la Gerencia de Adquisiciones y Contratación de Servicios elaboró y aprobó el contrato sin la fianza de Responsabilidad Civil que ampare las garantías establecidas en la normatividad aplicable. Así mismo la Gerencia de Instalaciones Fijas autorizó para su pago facturas sin cumplir con los requisitos de las cláusulas del contrato STC-CNCS-070/2015; o amparando trabajos no ejecutados, así como

los mantenimientos preventivos programados no se ejecutaron en su totalidad, lo que denota falta de supervisión de los mismos.

Las ocho observaciones señaladas fueron comentadas en su oportunidad con los servidores públicos responsables de su solventación, mismos que signaron los reportes que se remiten, señalando la fecha compromiso para su atención tal y como quedó asentado en el reporte de referencia, solicitando atentamente que la documentación que se envíe a esta Contraloría Interna para solventar las citadas observaciones, sea en copia simple.

Asimismo, le agradezco las facilidades otorgadas y la colaboración brindada al grupo de auditores designados para llevar a cabo la auditoría aludida por parte de los servidores públicos que los atendieron, esperando que los resultados y recomendaciones de la auditoría coadyuven al mejor desempeño de su gestión.

Sin más por el momento, reitero mi distinguida consideración.

A T E N T A M E N T E
EL CONTRALOR INTERNO

ARQ. CARLOS ENRIQUE MANCERA COVARRUBIAS

C.c.c.e.p. **Mtro. Eduardo Rovelo Pico.**- Contralor General del Distrito Federal. erovelop@contraloriadf.gob.mx
Dr. Luis Antonio García Calderón.- Director General de Contralorías Internas en Entidades de la Contraría General del Distrito Federal.lgarcia@contraloriadf.gob.mx
Lic. Elizabeth Montufar Medina.- Directora de Contralorías Internas en Entidades "A" de la Contraloría General del Distrito Federal. emontufar@contraloriadf.gob.mx
Ing. Jorge Javier Jiménez Alcaraz.- Subdirector General de Mantenimiento. jimenezalcarazjorge@gmail.com
Expediente/Minutario.

CEMC/EB/VM/CM

Área Auditada:	Sistema de Transporte Colectivo
Área Específica:	Gerencia de Instalaciones Fijas/Gerencia de Adquisiciones y Contratación de Servicios.

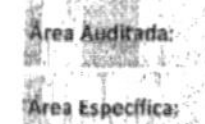

Oficio de Orden de auditoría:	CG/CISTC/011/2016
Auditoría:	02I
	Clave 250

Ciudad de México, a 11 de abril de 2016.

INFORME DE OBSERVACIONES DE AUDITORÍA

Número de auditoría:	02I
Clave del Programa:	250
Descripción:	Servicio de mantenimiento preventivo y correctivo a los sistemas electrónicos, eléctricos, electromecánicos y de vías de la Línea 12 del STC.
Unidad Administrativa:	Sistema de Transporte Colectivo
Clave:	1805
Área específica:	Subdirección General de Mantenimiento.
No. de Observaciones Generadas:	8

INTRODUCCIÓN

Con fundamento en lo dispuesto por los Artículos 16 párrafo primero de la Constitución Política de los Estados Unidos Mexicanos; 34, fracciones II, III, VIII, IX, XI y XII de la Ley Orgánica de la Administración Pública del Distrito Federal; 1°, último párrafo, 3, 82, 102 y 117 de la Ley de Presupuesto y Gasto Eficiente del Distrito Federal; 1",37 y 120 de su Reglamento y 113 fracciones II, IV y VIII del Reglamento Interior de la Administración Pública del Distrito Federal; 41, 42 y 43 del Decreto de Presupuesto de Egresos del Distrito Federal para el ejercicio 2015 y demás normatividad aplicable, mediante oficio número CG/CISTC/011/2016 del 4 de enero de 2016, el Contralor Interno en el Sistema de Transporte Colectivo, instruyó la Auditoría número 02I, clave 250, correspondiente al primer trimestre de 2016 denominada "Servicio de mantenimiento preventivo y correctivo a los sistemas electrónicos, eléctricos, electromecánicos y de vías de la Línea 12 del STC, ubicada en el cuarto piso del Edificio Administrativo del Sistema de Transporte Colectivo en la calle Delicias No. 67, Colonia Centro, Delegación Cuauhtémoc, Código Postal 06070, iniciando el 4 de enero y concluyendo el 01 de abril de 2016, utilizando 61 semanas hombre.

OBJETIVO

"Verificar que la Subdirección General de Administración y Finanzas a través de la Gerencia de Adquisiciones y Contratación de Servicios haya llevado a cabo el proceso de adjudicación (Licitación Pública, Invitación Restringida y Adjudicación Directa) de los contratos para el servicio de mantenimiento preventivo y correctivo a los Sistemas electrónicos, eléctricos, electromecánicos y de Vías de la Línea 12 del STC, con base en la Ley aplicable en la materia y la normatividad vigente cumplimentado en todos sus términos y condiciones de conformidad con lo establecido en los instrumentos jurídicos así como la Subdirección General de Mantenimiento a través de la Gerencia de Instalaciones Fijas, haya dado mantenimiento preventivo y correctivo a los equipos e instalaciones electrónicas, eléctricas, mecánicas, hidráulicas y de vías de Línea 12, de acuerdo a los contratos celebrados para tal fin".

ALCANCE

La auditoría comprendió la verificación de los procesos de adjudicación, contratación, ejecución, supervisión, control, pagos, y avance de los trabajos formalizados mediante Contrato Administrativo STC-CNCS-070/2015 para el "Mantenimiento Preventivo y Correctivo a los equipos e instalaciones de Vías de Línea 12 del STC", cuya vigencia fue del 23 de marzo al 31 de diciembre del 2015, con un monto de $103,002,948.10 más el

Impuesto al Valor Agregado de $16'480,471.69 dando un monto total de $119,483,419.80, (Ciento diecinueve millones cuatrocientos ochenta y tres mil cuatrocientos diez y nueve pesos 80/100 Moneda Nacional).

Así mismo de los mantenimientos preventivos y correctivos realizados por la Gerencia de Instalaciones Fijas a los Equipos e Instalaciones de los sistemas electrónicos, eléctricos, electromecánicos y de vías de Línea 12 del STC., se verificaron los programas y su ejecución mediante órdenes de trabajo de los mantenimientos preventivos y correctivos efectuados durante el periodo enero a diciembre de 2015, alcanzando el 75%

RESULTADOS

Como resultado de la aplicación de los Procedimientos de Auditoría, que corresponden a las Normas Generales de Auditoría y a la Guía General de Intervenciones, mismos que constan en los papeles de trabajo que integran el expediente de la revisión, se determinaron 8 observaciones, las cuales fueron hechas del conocimiento de la Subdirección General de Mantenimiento, mismas que se describen a continuación:

OBSERVACIÓN 01

TRABAJOS DE MANTENIMIENTO PAGADOS Y NO EJECUTADOS.

De la revisión a la información generada para el control y administración del Contrato Administrativo STC-CNCS-070/2015 y Anexo 1 Actividades y Especificación Técnica correspondiente al "Servicio de Mantenimiento Preventivo y Correctivo del Sistema de Vías de la Línea 12", proporcionada por la Subgerencia de Instalaciones Mecánicas y de Vías del STC, consistentes en Órdenes de Trabajo y Planes de Mantenimiento preventivo anual, trimestral y mensual se determinó que no se programó la actividad catalogada con núm. 52 denominada Verificación del Trazo y/o Perfil de vía, en el Tramo 2 desde el PK 4+580 hasta el fondo de talleres Tláhuac, así mismo, se encontraron observaciones en las Órdenes de Trabajo que muestran trabajos incompletos y/o faltantes de ejecutar para el tramo Atlalilco a Fondo de Mixcoac, lo que importa trabajos contratados y no ejecutados por un monto de $560,838.54 (Quinientos sesenta mil ochocientos treinta y ocho pesos 54/100 Moneda Nacional).

De la revisión realizada a la documentación proporcionada por la Subgerencia de Instalaciones Mecánicas y de Vías, en específico de los programas de Mantenimiento Preventivo se constató que el PROGRAMA ANUAL DE MANTENIMIENTO PREVENTIVO Y PREVENTIVO SISTEMATICO LÍNEA 12 (VÍA PRINCIPAL Y SECUNDARIA) CALENDARIZACIÓN MENSUAL, durante el periodo contractual, no se programó la actividad núm. 52 "Verificación del Trazo y/o Perfil de vía en el segundo tramo Estación Tláhuac a Fondo de Talleres (Pk 4+580-Fondo Talleres Tláhuac); en los programas mensuales de octubre, noviembre y diciembre de 2015, no se programaron trabajos de la actividad núm. 52, siendo incongruente con el programa a nueve meses donde sí se programaron.

De lo anterior descrito, se constató el incumplimiento a lo establecido en el Anexo 1 "Actividades y Especificación Técnica", punto 1.

Adicional a lo anterior, del análisis a las 190 Órdenes de Trabajo (OT´s) de Mantenimiento Preventivo de la Empresa COMSA, S. A. registradas con el número de actividad 52 "Verificación del Trazo y/o Perfil de vía" se detectaron los siguientes puntos.

11 Órdenes de trabajo canceladas por falta de Personal y/o equipo de seguridad del personal de COMSA, S.A.
10 Ordenes de trabajo sin ejecutarse por falta de herramientas y/o equipo, y mal funcionamiento de equipo.
11 Órdenes de trabajo sin ejecutarse por encontrarse el sitio de trabajo obstruido por el tren estacionado.

Reportes con Trabajos no Realizados

	Tipo A	Tipo B	Tipo C	Total
Ordenes de Trabajo	11	10	11	32

Porcentaje de Ordenes de trabajo no realizado

Total de ordenes con Actividad 52	Órdenes de Trabajo, con trabajos no realizados	Porcentaje
195	32	16.45 %

Por todo lo anterior el Ing. Audencio Octavio Lomelí Escobar, Gerente de Instalaciones Fijas y el Ing. Sergio Arenas, Coordinador de Vías III no han cumplido lo establecido en las Cláusulas cuarta y octava del Contrato STC-CNCS-070/2015.

OBSERVACIÓN 02.

PAGO REALIZADO EN EXCESO A LA EMPRESA PROVEEDORA DEL SERVICIO COMSA, S .A. POR EL SERVICIO DE MANTEMINIENTO PREVENTIVO Y CORRECTIVO CORRESPONDIENTE AL MES DE SEPTIEMBRE DE 2015.

De la revisión a la información generada para el control y administración del Contrato Administrativo STC-CNCS-070/2015 y Anexo 1 "Actividades y Especificación Técnica", correspondientes al "Servicio de Mantenimiento Preventivo y Correctivo del Sistema de Vías de la Línea 12", proporcionada por la Subgerencia de Instalaciones Mecánicas y de Vías del STC, consistentes en las facturas correspondientes a los meses de abril a noviembre de 2015; se observó que en la factura correspondiente a los mantenimientos del mes de septiembre de 2015, la empresa COMSA, S.A., se realizó un pago en exceso por un monto de $414,669.93 (Cuatrocientos catorce mil seiscientos sesenta y nueve pesos 00/100 M.N.).

Del análisis efectuado a la información proporcionada por la Subgerencia de Instalaciones Mecánicas y de Vías, referente a las facturas y sus anexos donde se detalla el desglose de los conceptos pagados por cada mes de servicio de mantenimiento preventivo y correctivo, se observó en el mes de septiembre de 2015; un pago en exceso por un monto de $414,669.93 (Cuatrocientos catorce mil seiscientos sesenta y nueve pesos 00/100 M.N.), derivado de un error en el número de días de servicio correspondientes a dicho mes, como se describe a continuación.

Desglose de factura 96014131 de COMSA S. A., correspondiente al servicio de mantenimiento preventivo y correctivo al Sistema de Vias de la Línea 12 del mes de septiembre 2015, del Contrato CNCS-STC-070/2015 .				
	CUADRILLAS		DICE	DEBE DECIR
No.	ACTIVIDAD		sep-15	sep-15
1	Guardia en el horario de operación todos los días de la semana de 5am a 12 pm.	Días	31	30
		Monto X Día	$ 32,881.32	$32,881.32
		Total sin IVA	$1,019,320.92	$ 986,439.60
2	Recorrido diario e inspeccionar la via a lo largo de la línea	Monto X Día	$ 24,700.75	$ 24,700.75
		Total sin IVA	$ 765,723.25	$ 741,022.50
3	Mantenimiento programado de la vía, en forma manual	Monto X Día	$ 149,687.56	$ 149,687.56
		Total sin IVA	$ 4,640,314.36	$ 4,490,626.80
4	Realizar nivelación y línea contrarriel, fijaciones nabla, cerrojos (mantenimiento correctivo).	Monto X Día	$ 150,204.45	$ 150,204.45
		Total sin IVA	$ 4,656,337.95	$ 4,506,133.50
	SUBTOTAL		$ 11,081,696.48	$ 10,724,222.40
	IVA	16%	$ 1,773,071.44	$ 1,715,875.58
	TOTAL		$ 12,854,767.92	$ 12,440,097.98
	DIFERENCIA PAGADA EN EXCESO		$ 414,669.93	

De lo anterior se observa que la empresa COMSA,S.A., en el mes de septiembre de 2015 expidió la factura No. 0096014131 del 1° de octubre de 2015 por un monto de $ 11,195,908.54 más 16% I.V.A. $ 1,791,345.37 para un total de $12,987,253.91 (Doce millones, novecientos ochenta y siete mil doscientos cincuenta y tres pesos

91/100 M.N.), relativa al Contrato STC-CNCS-070/2015 por mantenimiento preventivo y correctivo del Sistema de Vías de la Línea 12, misma que fue autorizada por el Ing. Sergio Arenas Mejía Coordinador de Vías III, revisada por el Ing. Fermín Rafael Ramírez Alonso Subgerente de Instalaciones Mecánicas y Vías y con el Visto Bueno del Ing. A. Octavio Lomelí Escobar Gerente de Instalaciones Fijas, conforme a lo establecido en la cláusula Cuarta del contrato.

Dicha factura debió de haberse elaborado y pagado por un monto total de $ 12,572,583.98 (Doce millones, quinientos setenta y dos mil quinientos ochenta y tres pesos 98/100 M.N.), con IVA incluido, debido a que septiembre sólo cuenta con 30 días naturales y la empresa en sus cálculos consideró 31 días; obteniendo como resultado de esta contabilización errónea de los días de servicio, un pago en exceso del STC a la empresa contratada, por la cantidad de $ 414,669.93 (Cuatrocientos catorce mil seiscientos sesenta y nueve pesos 00/100 M.N.).

Por lo que el Ing. Audencio Octavio Lomelí Escobar, Gerente de Instalaciones Fijas; el Ing. Fermín Rafael Ramírez Alonso, Subgerente de Instalaciones Mecánicas y Vías; así como el Ing. Sergio Arenas Mejía, Coordinador de Vías III; dieron el Vo. Bo., revisaron y autorizaron; la factura No. 0096014131 del 01/10/2015, relativa al Contrato STC-CNCS-070/2015; sin percatarse del error, provocando un pago en exceso a la empresa COMSA, S.A., infringiendo el Manual Administrativo Procedimiento P-122 "Trámite y Expedición de cuentas por pagar" del 24 de julio de 2012.

OBSERVACIÓN 03

LA PÓLIZA DE RESPONSABILIDAD CIVIL CORRESPONDIENTE AL CONTRATO STC-CNCS-070/2015 NO CORRESPONDE A LA EMPRESA CONTRATADA COMSA, S.A.

De la revisión a la información generada para el control y administración del Contrato Administrativo No. STC-CNCS-070/2015; correspondiente a la contratación del Servicio de Mantenimiento Preventivo y Correctivo del Sistema de Vías de la Línea 12, proporcionada por la Subgerencia de Normatividad y Contratos, se determinó que la Póliza de Responsabilidad Civil presentada No. 886103 de la Aseguradora Zurich, no corresponde a la empresa COMSA, S.A., estando a nombre de la empresa COMSA, EMTE S. A. de C. V. con un periodo de vigencia desde el 30 de diciembre de 2014 hasta el 30 de diciembre de 2015.

Del análisis efectuado a la documentación proporcionada por la Subgerencia de Normatividad y Contratos y en base a la Cláusula Décima del Contrato, se determinó que el Lic. Regulo Castillo Barrera, entonces Gerente de Adquisición y Contratación de Servicios en el Sistema de Transporte Colectivo, recibió una póliza de responsabilidad civil que no corresponde a la empresa COMSA, S.A., por lo que incumple con la Cláusula Decima.- Póliza de Responsabilidad Civil del Contrato STC-CNCS-070/2015.

Por lo que se concluye que el Lic. Regulo Castillo Barrera, entonces Gerente de Adquisiciones y Contratación de Servicios y el C. Víctor Manuel Gallegos de Ávila, entonces Subgerente de Normatividad y Contratos, elaboraron y aprobaron el contrato sin la fianza de Responsabilidad Civil que ampare las garantías establecidas en la Normatividad aplicable a la misma.

Por consecuencia y conforme de cada una de las áreas que intervienen, infringen el Manual Administrativo del STC publicado en la Gaceta Oficial del Distrito Federal el día 27 de noviembre de 2014.

OBSERVACIÓN 04

LA GERENCIA DE INSTALACIONES FIJAS AUTORIZÓ LAS FACTURAS PARA EL TRÁMITE DE PAGO, SIN CONTAR CON LOS COMPROBANTES DE PAGO DE LAS OBLIGACIONES DE LA EMPRESA CONTRATADA REALIZADAS ANTE EL IMSS.

De la revisión a la información generada para el control y administración del Contrato Administrativo STC-CNCS-070/2015, correspondiente al "Servicio de Mantenimiento Preventivo y Correctivo del Sistema de Vías de la Línea 12", proporcionada por la Subgerencia de Instalaciones Mecánicas y de Vías del STC, se observó que no

se presentaron los pagos de las obligaciones a cargo de COMSA, S.A., realizados ante el Instituto Mexicano del Seguro Social (IMSS).

Del análisis a la información proporcionada por la Subgerencia de Instalaciones Mecánicas y Vías, se constató que como anexo a las facturas pagadas a la empresa COMSA, S.A., se encuentran copias de la cédulas de determinación de cuotas del IMSS del período de abril a noviembre 2015, las cuales corresponden a la empresa COMSA EMTE, S.A. de C.V. con Registro Federal de Causantes (RFC) CEM-090305-AM7 mientras que las facturas corresponden a la empresa COMSA, S. A. con RFC COM 101220LRA.

Con independencia de lo anterior, se revisó conjuntamente la relación del personal de la empresa COMSA, S. A., elaborada y revisada por el Ing. Jordi Ruf Martí, superintendente, de acuerdo al organigrama de esta empresa, así como las cédulas de determinación de cuotas del IMSS (a nombre de COMSA EMTE) de los meses de abril a noviembre 2015.

Conforme a lo anterior, se tienen 60 personas en la relación del personal de COMSA S.A.; más 7 que integran el organigrama:

DE LA REVISIÓN A LA CÉDULA DE DETERMINACIÓN DE CUOTAS DEL IMSS DE COMSA EMTE S. A. DE C.V. CORRESPONDIENTES DE ABRIL A NOVIEMBRE-2015, DONDE SE RELACIONAN 122 PERSONAS SE IDENTIFICÓ LO SIGUIENTE:

PERSONAL DE ACUERDO A LA RELACIÓN ELABORADA POR COMSA, S.A. DE FECHA 01-04-2015				
TIPO DE ACTIVIDAD	NO. DE PERSONAS	NO ESTÁN EN EL REGISTRO DEL IMSS	DADOS DE BAJA CON FECHA 31-12-2015	REGISTRADOS EN LA CÉDULA DEL IMSS
PERSONAL DE MANTENIMIENTO PREVENTIVO L-12	27	27		
PERSONAL GUARDIA MANTTO. L-12	16	5	11	
PERSONAL ESPECIALIZADO MANTTO. L-12	14	8	4	2
PERSONAL TOPOGRAFÍA MANTTO. L-12	3	3		
SUBTOTAL	60	43	15	2
PERSONAL REGISTRADO EN ORGANIGRAMA	7	3	0	4
TOTAL	67	46	15	6
PORCENTAJE %	100%	68%	22%	10%

Adicionalmente se revisó las Órdenes de Trabajo del Mantenimiento Preventivo ejecutado por la empresa contratada COMSA S. A. de marzo a noviembre de 2015 comparándolas con las cédulas de determinación de cuotas del IMSS del período de abril a noviembre 2015 y que corresponden a COMSA EMTE, S.A. de C.V. encontrando lo siguiente:

TIPO DE ACTIVIDAD	NO. DE PERSONAS	REGISTRADOS EN LA CÉDULA DEL IMSS	NO ESTÁN EN EL REGISTRO DEL IMSS
PERSONAL DE MANTENIMIENTO PREVENTIVO REGISTRADO EN LAS ORDENES DE TRABAJO	75	14	61
PORCENTAJE %	100	17%	83%

Por lo que, la Gerencia de Instalaciones Fijas, autorizó para pago las facturas a la empresa contratada COMSA S. A. con cédulas de determinación de cuotas del IMSS, que corresponden a la empresa con razón social COMSA EMTE, S.A. de C.V.

Por lo anteriormente expuesto se concluye que él Ing. Audencio Octavio Lomelí Escobar, Gerente de Instalaciones Fijas en el Sistema de Transporte Colectivo, autorizó para pago las facturas de los meses de abril a noviembre, Números 0096012696, 0096012986, 0096013251, 0096013533, 0096013835, 0096014131, 0096014379 y 0096014654 incumpliendo las Clausulas cuarta y decima cuarta del Contrato STC-CNCS-070/2015.

OBSERVACIÓN 05

LA GERENCIA DE INSTALACIONES FIJAS DESARROLLÓ LOS PROGRAMAS DE MANTENIMIENTO PREVENTIVO A LOS EQUIPOS DEL SISTEMA DE VÍAS DE LÍNEA 12 DEL STC, EN DESAPEGO A LAS ESPECIFICACIONES, NORMAS Y REGLAMENTOS VIGENTES Y LA COORDINACIÓN DE VÍAS III LOS EJECUTÓ INCOMPLETOS.

De la revisión a la información proporcionada por el ente auditado, que consta de los reportes mensuales de metas y actividades relevantes, programas de mantenimiento vía principal y secundaria, manuales de operación y mantenimiento, inventarios de equipo y ordenes de trabajo de las actividades de mantenimiento a los equipos del sistema de vías de la Línea 12, se observa que el programa de mantenimiento preventivo del sistema de vías de la Línea 12 se desarrolló en desapego a las especificaciones, normas y reglamentos, ya que no describe la ubicación de los equipos ni las actividades diarias a realizar, así mismo, la ejecución de dicho programa de mantenimiento es incompleta, toda vez, que de enero a marzo de 2015, sólo se realizaron 417 de las 895 actividades de mantenimiento preventivo programadas por el STC.

Del análisis efectuado a la documentación proporcionada por la Subgerencia de Instalaciones Mecánicas y de Vías, a través de los reportes de atención con recursos propios y del programa de mantenimiento preventivo, se constató que en el desarrollo del programa de mantenimiento preventivo no describen la ubicación de los equipos ni las actividades diarias a realizar de conformidad con el Apartado de Políticas y/o Normas de Operación, del Procedimiento (P-231): "Cálculo Integración y Evaluación del Programa Anual de Trabajo de la Gerencia de Instalaciones Fijas", del Manual Administrativo del STC, del 2 de diciembre de 2011, que establece los criterios y factores para desarrollar el programa de mantenimiento preventivo.

Por otro lado, del Programa de Mantenimiento Preventivo desarrollado por la Gerencia de Instalaciones Fijas, en el cual se consideran un total de 895 actividades, que al cotejarse con las órdenes de trabajo de las actividades desarrolladas durante el periodo de enero a marzo de 2015, se determinó que únicamente, la Coordinación de Vías III realizó 417 correspondientes al 47%, determinando que se dejaron de realizar 478 actividades que corresponden a un 53%.

De la revisión específica a la ejecución de las actividades de mantenimiento preventivo, de limpieza y lubricación de los aparatos de cambio de vias denominados TG. 0.13 y TG. 0.20, se efectúan con una periodicidad diferente, dando mayor mantenimiento a algunos equipos y dejando de atender otros, de acuerdo al cuadro siguiente:

APARATOS DE CAMBIO DE VÍA T.G O.13	
Cantidad de Equipos	Irregularidad.
4	No se les aplicó mantenimiento preventivo durante el trimestre de enero a marzo de 2015.
16	Se les dio mantenimiento durante dos meses consecutivos, y en el tercer mes no se le dio mantenimiento
5	Se les dio atención mensual durante el trimestre.

APARATOS DE CAMBIO DE VÍA TG.020	
Cantidad de Equipos	Irregularidad.
21	Se les otorgo mantenimiento mensual durante el trimestre.
5	Se les aplico dos mantenimientos durante un mes.

Por lo anteriormente expuesto, se concluye que el Ing. Audencio Octavio Lomelí Escobar, Gerente de Instalaciones Fijas; elaboró el programa de mantenimiento preventivo al sistema de vías de la Línea 12, sin describir los equipos, sitios y las actividades diarias a realizar; lo cual no permite ejecutar con claridad las actividades a desarrollar en cada uno de los equipos y aparatos de vía; el Ing. Mario Francisco Arteaga Martínez, entonces Subgerente de Instalaciones Mecánicas y Vias no supervisó que se ejecutará al 100% el programa de mantenimiento preventivo del Sistema de Vías de la Línea 12, ejecutándose sólo el 47% y el Ing. Fermín Rafael Ramírez Alonso, Coordinador de Vías III en el STC por el período del 1 de enero al 1 de junio de 2015 y el Ing. Sergio Arenas Mejía, Coordinador de Vías III en el STC por el período del 2 de junio al 31 de diciembre de 2015, ejecutaron sólo el 47% de las actividades de mantenimiento preventivo previstas en el programa establecido del Sistema de Vías de la Línea 12 del Sistema de Transporte Colectivo, incumpliendo con sus funciones establecidas en el Manual de Organización Institucional del Sistema de Transporte Colectivo publicado en la Gaceta Oficial del Distrito Federal del 27 de noviembre de 2014.

OBSERVACIÓN 06

LA GERENCIA DE INSTALACIONES FIJAS DESARROLLÓ LOS PROGRAMAS DE MANTENIMIENTO PREVENTIVO A LOS EQUIPOS DEL SISTEMA DE TELECOMUNICACIONES DE LINEA 12 DEL STC, EN DESAPEGO A LAS ESPECIFICACIONES, NORMAS Y REGLAMENTOS VIGENTES Y LA COORDINACIÓN DE COMUNICACIÓN Y PEAJE EJECUTÓ INCOMPLETO EL PROGRAMAS DE MANTENIMIENTO PREVENTIVO A LOS EQUIPOS DEL SISTEMA DE TELECOMUNICACIONES DE LINEA 12 DEL STC

De la revisión a la información proporcionada por el ente auditado, que consta de Ordenes de trabajo y Reporte de actividades de enero a diciembre 2015, Etapas Generales del Proyecto del 27 de julio al 31 de diciembre de 2015, Actividades correspondientes a los equipos de la Red de Comunicaciones y Servicios, Cédulas de mantenimiento preventivo y correctivo solicitados por la Contraloría Interna en el STC., y Reportes de Actividades en tiempo Extraordinario del mes de julio a noviembre del 2015, a los equipos del Subsistema de Telecomunicaciones de la Línea 12 del STC, se observa que el programa de mantenimiento preventivo a los equipos del subsistema de Telecomunicaciones, se desarrolló en desapego a las especificaciones, normas y reglamentos; toda vez que no describen los equipos, sitios y actividades diarias a realizar por los grupos de trabajo y no presentó las fichas técnicas de mantenimiento emitidas por el Consorcio Constructor; así mismo la ejecución de dicho programa de mantenimiento es incompleta, debido a que de enero a diciembre 2015, solo se realizaron 37 actividades de mantenimiento preventivo de 807 actividades correspondientes a los equipos de la red de comunicaciones y servicios, lo que representa un cumplimiento del 4.6%.

Del análisis efectuado a la documentación proporcionada por la Subgerencia de Instalaciones Mecánicas y de Vias, a través de los Programas de Mantenimiento Preventivo mensual de los diferentes grupos de trabajo se constató que en el desarrollo del programa de mantenimiento preventivo no describen la ubicación de los equipos ni las actividades diarias a realizar de conformidad con el Apartado de Políticas y/o Normas de Operación del Procedimiento (P-238) "Mantenimiento Preventivo a los equipos e Instalaciones del Sistema de Telecomunicaciones", del Manual Administrativo del STC, del 26 de octubre de 2011, que establece los criterios y factores para desarrollar el programa de mantenimiento preventivo.

Por otro lado, del total de actividades preventivas correspondientes a los equipos de la red de comunicaciones y servicios, del sistema de telecomunicaciones en el cual se consideran 807 actividades, cotejándose con las 775 órdenes de trabajo revisadas correspondientes al periodo enero a diciembre de 2015, solamente 37 corresponden a mantenimientos preventivos, 417 se refieren a actividades diversas que no tiene relación con los mantenimientos y 321 de mantenimientos correctivos, determinándose que la Coordinación de Comunicación y Peaje sólo realizó el 4.6% de lo programado, dejando de realizar 770 actividades que corresponden a un 95.4%.

Por lo anteriormente expuesto, se concluye que el Ing. Audencio Octavio Lomeli Escobar, Gerente de Instalaciones Fijas; elaboró el programa de mantenimiento preventivo al sistema de telecomunicaciones de la Línea 12, sin describir los equipos, sitios y las actividades diarias a realizar; lo cual no permite ejecutar con claridad las actividades a desarrollar en cada uno de los equipos y aparatos; el Ing. Federico Pineda Uribe, entonces Subgerente de Instalaciones Electrónicas, no supervisó que se ejecutaran al 100% las actividades correspondientes a los equipos de la red de comunicación y servicios del Sistema de Telecomunicaciones de la Línea 12, ejecutándose sólo el 4.6% y el Ing. Efraín Ruiz Esparza, Coordinador de Comunicación y Peaje del STC en el período de enero a agosto 2015 y el Ing. Juan Luis Romero Vigueras, Coordinador de Comunicación y Peaje del STC en el período de septiembre a diciembre 2015, ejecutaron incompleto el programa de mantenimiento desarrollado por la Gerencia de Instalaciones Fijas incumpliendo con sus funciones establecidas en el Manual de Organización Institucional del Sistema de Transporte Colectivo publicado en la Gaceta Oficial del Distrito Federal del 27 de noviembre de 2014.

OBSERVACIÓN 07

LA GERENCIA DE INSTALACIONES FIJAS DESARROLLÓ LOS PROGRAMAS DE MANTENIMIENTO PREVENTIVO A LOS EQUIPOS DEL SISTEMA DE ALTA TENSIÓN DE LÍNEA 12 DEL STC, EN DESAPEGO A LAS ESPECIFICACIONES, NORMAS Y REGLAMENTOS VIGENTES Y LA COORDINACIÓN DE ALTA TENSIÓN EJECUTÓ INCOMPLETO EL PROGRAMA DE MANTENIMIENTO PREVENTIVO A LOS EQUIPOS DEL SISTEMA DE ALTA TENSIÓN DE LÍNEA 12 DEL STC

De la revisión a la información proporcionada por el ente auditado, que consta de los Informes mensuales de cumplimiento de actividades sustantivas, causas de desviación y medidas preventivas, Relación de Mantenimientos Preventivos, Reportes Diarios de Trabajo, Relación de Averías Atendidas, Programas Mensuales de Mantenimiento Preventivo a las Instalaciones de Alta Tensión por cada grupo de trabajo, correspondiente al período enero a diciembre de 2015, Cedulas de trabajo solicitados por este Órgano de Control Interno de enero a diciembre de 2015, fichas técnicas e inventarios de equipos, del Subsistema de Alta Tensión de la Línea 12 del STC, se observa que el programa de mantenimiento preventivo del Sistema de Alta Tensión de la Línea 12 se desarrolló en desapego a las especificaciones, normas y reglamentos, ya que no describe las actividades diarias a realizar, así mismo, la ejecución de dicho programa de mantenimiento es incompleta, toda vez, que no se realizó mantenimiento preventivo a 84 equipos del sistema de Alta Tensión de la Línea 12 del STC.

Del análisis efectuado a la documentación proporcionada por la Subgerencia de Instalaciones Mecánicas y de Vías, a través del Programa de Mantenimiento Anual 2015, se constató que en el desarrollo del programa de mantenimiento preventivo no describen las actividades diarias a realizar de conformidad con el Apartado de Políticas y/o Normas de Operación, del Procedimiento (P-250) denominado "Mantenimiento Preventivo a los Equipos e Instalaciones de Alta Tensión" del Manual Administrativo del STC, del 26 de julio de 2012.

Por otro lado, del análisis a las 168 órdenes de trabajo generadas en horario normal, más 65 órdenes de trabajo generadas en tiempo extraordinario, por los grupos de trabajo, durante el período de enero a diciembre de 2015, como resultado de las actividades de mantenimiento preventivo realizadas a los equipos instalados en las Subestaciones de Rectificación; éste Órgano de Control Interno determinó que de acuerdo a lo programado se dejó sin mantenimiento a 84 equipos siendo los siguientes:

CANTIDAD	ABREVIATURA	DESCRIPCIÓN
12	T	TABLERO DE CONTROL Y MANDO
55	CELDAS 1500 VCC	CELDAS DE TRACCIÓN SN, SAA, DV.
12	DTRS	DETECTOR DE TENSIÓN RIEL SUELO
5	SM	SECCIONADOR DE MANTENIMIENTO
84		

Adicional a lo anterior, las fichas técnicas de mantenimiento presentadas por la Coordinación de Alta Tensión se encuentran sin fecha, firma, ni autorización y no son emitidas por el Consorcio Constructor.

Así mismo, se realizó el análisis a 34 órdenes de trabajo en horario normal y 73 mediante tiempo extra, por los grupos de trabajo, durante el período de enero a diciembre de 2015, como resultado de las actividades de mantenimiento preventivo a los equipos instalados en la plataforma de pruebas, determinando este Órgano de Control Interno 55 intervenciones, que comparado con las 114 intervenciones programadas se dejó de dar 59 intervenciones a equipos, que corresponde a un 51%.

Por lo anteriormente expuesto, se concluye que el Ing. Audencio Octavio Lomelí Escobar, Gerente de Instalaciones Fijas; elaboró el programa de mantenimiento preventivo al Sistema de Alta Tensión de la Línea 12, sin describir las actividades diarias a realizar; lo cual no permite ejecutar con claridad las actividades a desarrollar en cada uno de los equipos de Alta Tensión, , el Ing. Herón Hernández Almanza, encargado de la Subgerencia de Instalaciones Eléctricas del período de enero a mayo de 2015 y el Ing. José Concepción Ortega Vargas, Subgerente de Instalaciones Eléctricas, de Junio a Diciembre de 2015; no supervisaron que se ejecutara al 100% el programa de mantenimiento preventivo del Sistema de Alta Tensión de la Línea 12, dejando de ejecutarse en 84aparatos, Y 59 actividades, y el Ing. Fernando García Ostría, Coordinador de Alta Tensión en el STC no verificó que los trabajos ejecutados se efectuaran conforme a las normas tiempos y especificaciones técnicas de mantenimiento, instructivos y/o Manuales de Operación (Actividades recomendadas por el fabricante) del sistema eléctrico de Alta Tensión de la Línea 12 del STC., incumpliendo con sus funciones establecidas en el Manual de Organización Institucional del Sistema de Transporte Colectivo publicado en la Gaceta Oficial del Distrito Federal del 27 de noviembre de 2014.

OBSERVACIÓN 08

LA GERENCIA DE INSTALACIONES FIJAS DESARROLLÓ LOS PROGRAMAS DE MANTENIMIENTO PREVENTIVO A LOS EQUIPOS DEL SISTEMA DE MANDO CENTRALIZADO DE LÍNEA 12 DEL STC, EN DESAPEGO A LAS ESPECIFICACIONES, NORMAS Y REGLAMENTOS VIGENTES Y LA COORDINACIÓN DE AUTOMATIZACIÓN Y CONTROL EJECUTÓ INCOMPLETO EL PROGRAMA DE MANTENIMIENTO PREVENTIVO A LOS EQUIPOS DEL SISTEMA DE MANDO CENTRALIZADO DE LÍNEA 12 DEL STC.

De la revisión a la información proporcionada por el ente auditado, que consta de los Programas de Mantenimiento de los diferentes grupos de trabajo, Inventarios de equipo, resumen de actividades del mantenimiento, calendario de mantenimientos a equipos, bitácora de fallas, reporte diario de mantenimiento preventivo e informe de actividades diarias de mantenimiento a los equipos del Sistema de Mando Centralizado de la Línea 12 del STC, se observa que el programa de mantenimiento preventivo del Sistema de Mando Centralizado se desarrolló en desapego a las especificaciones, normas y reglamentos, toda vez, que no considera el total de equipos, ni describe las actividades diarias a realizar; así mismo, no se dio la debida aplicación del programa de mantenimiento, ya que, se dejó de dar mantenimiento preventivo a 38 equipos de un total de 311.

Del análisis efectuado a la documentación proporcionada por la Subgerencia de Instalaciones Mecánicas y de Vías, se constató que el programa de mantenimiento preventivo no considera la totalidad de los equipos, ni describe las actividades diarias a realizar de conformidad con el Apartado de Políticas y/o Normas de Operación, del Procedimiento (P-232): "Mantenimiento Preventivo a los equipos e instalaciones de los Sistemas de Automatización y Control", del Manual Administrativo del STC, del 26 de julio de 2013.

Por otro lado se determinó que en la Programación de mantenimiento preventivo mensual de los grupos de trabajo, que no se consideraron para su atención 105 equipos contenidos en el inventario proporcionado por el área, tales como rectificadores, onduladores, banco de batería y switch fo, distribuidos en las 15 subestaciones de rectificación y demás equipos contemplados en fichas técnicas de mantenimiento, además de que no describen las actividades a realizar y presenta inconsistencia del lapso de tiempo del mantenimiento de algunos equipos.

Las fichas técnicas de mantenimiento presentadas se encuentran sin fecha, sin firma, y sin autorización y no corresponden a las emitidas por el Consorcio Constructor.

Así mismo, se determinó que la programación y ejecución de las actividades de mantenimiento preventivo de los equipos correspondientes al respaldo de energía, ubicados en las diversas subestaciones de rectificación no se efectuaron trimestralmente conforme lo establece la ficha técnica de mantenimiento, sino que se realizó bimestralmente, además, se determinó diferente periodicidad en la programación y aplicación de los mantenimientos ya que se estableció y realizó bimestralmente y esporádicamente mensualmente; así mismo, los equipos que no se programaron consecuentemente, tampoco se les otorgó el mantenimiento respectivo.

Por lo anteriormente expuesto, se concluye que el Ing. Audencio Octavio Lomelí Escobar, Gerente de Instalaciones Fijas; elaboró el programa de mantenimiento preventivo al sistema de vías de la Línea 12, sin describir los equipos, sitios y las actividades diarias a realizar; lo cual no permite ejecutar con claridad las actividades a desarrollar en cada uno de los equipos y aparatos de vía, el Ing. Federico Pineda Uribe, entonces Subgerente de Instalaciones Electrónicas, no supervisó que se ejecutará al 100% el programa de mantenimiento preventivo del Sistema de Automatización y Control de la Línea 12, ejecutándose sólo el 87.8% y el Ing. Jorge Luis Luna Arellano, Coordinador de Automatización y Control del STC no verificó que los trabajos ejecutados se efectuaran de acuerdo a lo programado y conforme a las normas tiempos y especificaciones técnicas de mantenimiento, instructivos y/o Manuales de Operación (Actividades recomendadas por el fabricante) del Sistema de Mando Centralizado de la Línea 12 del Sistema de Transporte Colectivo, incumpliendo con sus funciones establecidas en el Manual de Organización Institucional del Sistema de Transporte Colectivo publicado en la Gaceta Oficial del Distrito Federal del 27 de noviembre de 2014.

LIMITANTES

No fue posible determinar las horas hombre que se requieren para realizar las actividades de mantenimiento a cada uno de los equipos de los diferentes sistemas de Línea 12 y los tiempos entre cada mantenimiento ya que las áreas no proporcionaron las fichas técnicas de mantenimiento del fabricante y enviaron fichas técnicas de mantenimiento elaborados por ellos pero estás no indican los tiempos requeridos.

La problemática a la que se enfrentaron los auditores es la inmensidad de información sujeta a análisis toda vez que se revisaron cuatro sistemas y cada sistema consta de subsistemas y a su vez varios equipos por lo que resulta insuficiente el tiempo para su análisis.

CONCLUSIÓN

Éste Órgano de Control Interno concluye que la Gerencia de Adquisiciones y Contratación de Servicios elaboró y aprobó el contrato sin la fianza de Responsabilidad Civil que ampare las garantías establecidas en la normatividad aplicable.

Así mismo la Gerencia de Instalaciones Fijas autorizó para su pago facturas sin cumplir con los requisitos de las cláusulas del contrato STC-CNCS-070/2015; o amparando trabajos no ejecutados.

Adicional a lo anterior los mantenimientos preventivos programados no se ejecutaron en su totalidad, lo que denota falta de supervisión de los mismos.

Elaboró:	Revisó:	Autorizó:
C.P. María Isabel García Meza Coordinadora de Control Interno Obras y Servicios	Lic. Ernesto Bueno Meza Subgerente de Investigación y Evaluación	Arq. Carlos Enrique Mancera Covarrubias. Contralor Interno

Ciudad de México, a 4 de Julio de 2017

CG/CISTC/ 1 4 3 6 /2017

Asunto: Informe de Auditoría y Reporte
de Observaciones 08J.

DR. JORGE GAVIÑO AMBRIZ
DIRECTOR GENERAL DEL SISTEMA
DE TRANSPORTE COLECTIVO
P R E S E N T E

En cumplimiento al oficio número CG/CISTC/0631/2017 del 4 de abril de 2017, mediante el cual se notificó la auditoría número 08J con clave de programa 250, denominada "Servicio de mantenimiento preventivo y correctivo paliativo al sistema de vías de la Línea 12 del STC", con el objetivo de "Verificar que la Subdirección General de Administración y Finanzas a través de la Gerencia de Adquisiciones y Contratación de Servicios haya llevado a cabo el proceso de adjudicación (Licitación Pública, Invitación Restringida y Adjudicación Directa) del contrato STC-CNCS-065/2016 para el servicio de mantenimiento preventivo y correctivo paliativo de las vías de la Línea 12 del STC, con la empresa TSO-NGE México, S.A. de C.V., por un monto máximo de $77'000,000.00, con base en la Ley aplicable en la materia y la normatividad vigente cumplimentado en todos sus términos y condiciones de conformidad con lo establecido en el instrumento jurídico correspondiente así como la Subdirección General de Mantenimiento a través de la Gerencia de Instalaciones Fijas, haya supervisado el mantenimiento preventivo y correctivo paliativo"; sobre el particular, adjunto le remito el reporte que contiene una observación detectada, causas, efectos y recomendaciones que se consideran procedentes para su solución, así como el informe de los resultados obtenidos, mismo que contiene el objetivo y alcance de la auditoría, limitantes para su ejecución, la observación generada y las conclusiones obtenidas, a fin de coadyuvar a mantener la transparencia, legalidad, eficacia, imparcialidad y eficiencia de su gestión, así como el adecuado control interno del servicio encomendado a las áreas a su digno cargo.

De acuerdo con los resultados obtenidos, se concluye que la Coordinación de Vías III, no verificó que el "Proveedor" realizara y cumpliera con las condiciones, especificaciones y calidad de los servicios estipulados en el contrato y su Anexo 1 "Actividades Especificación Técnica", directamente con el personal propuesto para la realización de cada una de las actividades de mantenimiento preventivo y correctivo paliativo, durante el periodo marzo a diciembre de 2016, así mismo, no notificó por escrito ante las irregularidades el proceder a reparar o cumplir con lo establecido en el mismo, de igual forma la Coordinación de Normatividad y Contratación de Servicios en el Sistema de Transporte Colectivo, al elaborar y formalizar el contrato sin realizar una

descripción completa de los servicios relacionada con sus correspondientes precios unitarios y no establecer en coordinación con las áreas especializadas, los mecanismos de supervisión necesarios para vigilar que los proveedores prestaran sus servicios conforme a los términos establecidos en el contrato; por lo cual la Coordinación de Vías III deberá fortalecer y/o establecer los mecanismos de control necesarios, que le permitan llevar a cabo una supervisión adecuada, con estricto apego a la normatividad y al cumplimiento de las cláusulas de los contratos, así mismo la Coordinación de Normatividad y Contratación de Servicios, deberá elaborar y formalizar los contratos de los servicios conforme a las políticas y procedimientos establecidos, vigilando que en los mismos se protejan los intereses del Organismo y se establezcan en coordinación con las áreas especializadas, los mecanismos de supervisión necesarios para vigilar que los proveedores presten sus servicios conforme a los términos establecidos en el contrato y de los anexos que lo integren, con el fin de asegurar que los servicios contratados se hayan efectuado, en este caso el servicio de mantenimiento preventivo y correctivo paliativo al sistema de vías de la Línea 12 del STC con la calidad requerida.

La observación señalada fue comentada en su oportunidad con los servidores públicos responsables de su solventación, mismos que signaron el reporte que se remite, señalando la fecha compromiso para su atención tal y como quedó asentado en el reporte de referencia, solicitando atentamente que la documentación que se envíe a esta Contraloría Interna para solventar las citadas observaciones, sea en copia simple.

Asimismo, le agradezco las facilidades otorgadas y la colaboración brindada al grupo de auditores designados para llevar a cabo la auditoría aludida por parte de los servidores públicos que los atendieron, esperando que los resultados y recomendaciones de la auditoría coadyuven al mejor desempeño de su gestión.

Sin otro particular y agradeciendo anticipadamente su atención, reitero a Usted mi distinguida consideración.

A T E N T A M E N T E
EL CONTRALOR INTERNO

ARQ. CARLOS ENRIQUE MANCERA COVARRUBIAS

32

REPORTE TÉCNICO

ANÁLISIS DE CAUSALIDAD DE LA FALLA DE LAS TRABES DEL TRAMO ELEVADO ENTRE LAS ESTACIONES OLIVOS Y SAN LORENZO TEZONCO DE LA LÍNEA 12 DEL SISTEMA DE TRANSPORTE COLECTIVO METRO DE LA CIUDAD DE MÉXICO

Para:

CARSO Infraestructura y Construcción, S.A. de C.V.

Presenta:

Integridad Mecánica y Servicios de Ingeniería, S.A. de C.V.

Ciudad de México

18 de agosto de 2021

+52 55 5343 7646   contacto@imeysi.com   www.imeysi.com
INMEYSI, Integridad Mecánica y Servicios de Ingeniería

3. CAUSALIDAD ADECUADA A LA IMPUTACIÓN OBJETIVA DEL ACCIDENTE

El nexo entre las posibles causas y los efectos no debe ser meramente hipotético, por lo que debe entre las posibles causas de daño debe escogerse la que satisfaga el criterio de *proximidad* ---aquella que relaciona el daño y el último hecho que lo precedió en un sentido lógico y cronológico-- En este caso, el daño es el colapso del paso elevado y el último hecho que lo precedió es el paso del tren, de manera que cronológicamente hay un nexo y además tiene un sentido lógico, ya que, si no hubiera pasado el tren, el tramo nó hubiera colapsado en ese momento.

El siguiente paso es identificar la *condición causal*, es decir el fenómeno físico que haría que, al pasar el tren, la trabe compuesta, que es el apoyo principal del tramo elevado, se flexionara y fracturara. De acuerdo con la disciplina de la mecánica de materiales, un cuerpo sólido sometido a cargas sólo puede deformarse plásticamente y fracturar por una o la combinación de las siguientes condiciones:

a) Los materiales de la superestructura del tramo elevado no tienen resistencia suficiente para soportar los esfuerzos normales de la operación.

b) La carga en el paso elevado fue superior a su resistencia estructural real

c) Existió una condición introducida con posterioridad a la construcción de la superestructura del paso elevado que redujo su resistencia a un nivel igual o menor que las cargas normales de operación.

El hecho de que el tramo elevado de la Línea 12 haya soportado el paso de trenes miles de veces, además de haber resistido sismos de gran magnitud y, además, que las sobrecargas introducidas durante los trabajos de mantenimiento realizados previo a la falla no hayan causado el colapso del paso elevado, indica que los materiales de la trabe compuesta, en su conjunto, tenían la resistencia suficiente para soportar, como mínimo, el paso del tren en condiciones normales de operación, por lo que, como resultado del análisis metodológico efectuado en el presente estudio, se descartaron las condiciones a) y b) mencionadas como causas del accidente. En cuanto a la condición c) esta es la única que haría que el paso de un tren en condiciones normales cause el colapso del paso elevado después de haber soportado el paso de trenes miles de veces, por lo tanto, la reducción de la resistencia de la superestructura con posterioridad a su construcción es la <u>única</u> condición prevalente.

En el Dictamen Preliminar -Fase I de DNV, se afirma que una posible causa de la falla es la falta de pernos Nelson o su mala instalación. En el apartado A1.2 del Anexo 1 (Análisis de la Condición de los Elementos Estructurales Posterior a la Falla) de este estudio, se demostro que, para que el paso elevado estuviera en riesgo de colapso con motivo de una insuficiencia o mala instalación de los pernos Nelson, tendrían que haberse dejado de instalar, o haberse instalado incorrectamente, más del 70% de los pernos que, según los planos "como construidos" y la documentación relativa, indican que fueron efectivamente instalados en ese tramo de la superestructura y, aun así, no podría asegurarse que, de haberse dejado de instalar o instalándose inadecuadamente ese 70% de los pernos Nelson, ello hubiera sido la causa del accidente, ya que en ese supuesto no concedido, la superestructura hubiera fallado en los primeros viajes de trenes realizados tras la puesta en servicio del tramo elevado o, en todo caso, cuando la superestructura fue sobrecargada durante la rehabilitación.

Así, al no desaparecer la consecuencia (la falla de la trabe) a pesar de la omisión de esta causa hipotética consistente en la supuesta insuficiencia o indebida instalación de los pernos Nelson, es decir, si aun quitando la ausencia o defectos constructivos de los pernos Nelson el derrumbe del tramo subsiste, debe necesariamente descartarse esta condición como posible causa

En adición a lo anterior, y como se desarrolla en el Anexo 1 del presente reporte, el concreto situado alrededor de los pernos no se advierte degradado ni desgastado, lo que indica que los pernos estaban fijos antes del accidente, y se observa que todos los pernos conservan su integridad estructural, estando libres de deformación plástica, corrosión o desgaste, por lo que no hay evidencia de que los pernos Nelson se hayan instalado defectuosamente ni que la cantidad de dichos componentes haya sido insuficiente.

Los cálculos de resistencia estructural y los análisis de fatiga presentados en este Reporte claramente demuestran que la sección compuesta de la superestructura del tramo elevado de la Línea 12, tenía la suficiente resistencia estructural y a la fatiga de sus materiales, para no fallar en servicio, por lo que la causa del accidente necesariamente consiste en una condición debilitante que no está relacionada con defectos constructivos o de diseño

De acuerdo con las observaciones, cálculos y análisis realizados aquí, la única anomalía que cumplió los criterios cronológicos, lógicos y de evolución, con base en las leyes científicas del comportamiento mecánico de los materiales, fue la falla por fatiga del contraventeo CV-1 situado en la parte media de la superestructura, justamente en el plano de falla, no obstante, éste componente por sí solo no es suficiente para causar la falla, pues como se demostró en los cálculos estructurales presentados en la sección A2.3, del Anexo 2, esta característica debió coincidir con otra condición o evento como causa del accidente de la Línea 12. Debimos entonces identificar esta segunda condición como causa, bajo criterios de tiempo (cronológicos), de sentido común, e incluso bajo las "reglas de la vida", que son inferencias basadas en la experiencia cotidiana, conforme al análisis que a continuación se presenta.

En las descripciones y análisis anteriores quedaron plenamente demostrados los siguientes hechos:

1   La anomalía estructural causante del incidente se localiza en la parte media de la estructura compuesta del paso elevado.

32

REPORTE TÉCNICO

ANÁLISIS DE CAUSALIDAD DE LA FALLA DE LAS TRABES DEL TRAMO ELEVADO ENTRE LAS ESTACIONES OLIVOS Y SAN LORENZO TEZONCO DE LA LÍNEA 12 DEL SISTEMA DE TRANSPORTE COLECTIVO METRO DE LA CIUDAD DE MÉXICO

Para:

CARSO Infraestructura y Construcción, S.A. de C.V.

Presenta:

Integridad Mecánica y Servicios de Ingeniería, S.A. de C.V.

Ciudad de México

18 de agosto de 2021

3. A partir de la reapertura de la Línea 12, el 15 de noviembre de 2015, la superestructura opera bajo un sobrepaso de cargas muertas 24% mayor a las originalmente proyectadas por el cambio de materiales efectuado durante la rehabilitación, y las mismas cargas vivas originales, porque los trenes siguen siendo los mismos, así como la afluencia de pasajeros, pero hay evidencia de que se causaron ciertos daños estructurales, como pandeo (flechamiento) de las trabes de algunos tramos y daños de los contraventeos de los pasos elevados. Cabe mencionar que el flechamiento de la trabe reportado, principalmente en las redes sociales, en el tramo accidentado, es un indicativo de la sobrecarga aplicada en 2015

4. Después de la inauguración de la Línea 12, se han presentado varios sismos de magnitud significativa, y específicamente con motivo del al sismo del 19 de septiembre de 2017, se presentaron daños estructurales en una columna (69) y en un claro situado en el tramo entre la estación Zapotitlán y La Nopalera, los cuales fueron reforzados y no presentaron afectación alguna el día del accidente. En este periodo también se realizó una inspección visual de todo el tramo elevado sin encontrar otros daños

5. Posterior al sismo del 19 de septiembre de 2017, se reporta por parte de operadores del Metro y en redes sociales, que había anomalías en el tramo elevado del accidente. En el presente análisis se verificó que, desde julio de 2019 se observaba pandeo del contraventeo CV-1 situado en la parte central del tramo elevado del accidente. Cabe aclarar que el agrietamiento por fatiga del contraventeo CV-1 era indetectable debido a la finura de la fisura y por su posición oculta a la vista.

6. Se infiere que desde su formación y hasta el momento previo al incidente, el 3 de mayo de 2021, la flexión del contraventeo CV-1 incrementó los esfuerzos transversales al plano horizontal (como se demuestra en el cálculo estructural), lo que redujo la capacidad rigidizante del contraventeo y las trabes presentaron flexiones laterales, especialmente la del lado Norte.

7. El día del accidente, la flexión repetitiva del alma de la viga armada de acero del lado Norte del tramo elevado, se acumuló a tal punto que su centro de gravedad se desplazó fuera del centroide, generando una inestabilidad estructural suficiente para que, con el paso de un solo tren en la vía Sur, el alma de la viga se flexionara súbitamente, perdiendo por completo su resistencia estructural. Como las dos vigas Norte y Sur están conectadas mediante la losa de concreto (la conexión se logra precisamente con los pernos Nelson, de modo que, si estos hubieran sido insuficientes o defectuosos, la conexión estructural de las tabes hubiera sido menos efectiva), la flexión de la trabe Norte jala hacia abajo a la trabe Sur, causando su pandeo.

INMEYS.

3. CAUSALIDAD ADECUADA A LA IMPUTACIÓN OBJETIVA DEL ACCIDENTE

El nexo entre las posibles causas y los efectos no debe ser meramente hipotético, por lo que debe entre las posibles causas de daño debe escogerse la que satisfaga el criterio de *proximidad* ––aquella que relaciona el daño y el último hecho que lo precedió en un sentido lógico y cronológico––. En este caso, el daño es el colapso del paso elevado y el último hecho que lo precedió es el paso del tren, de manera que cronológicamente hay un nexo y además tiene un sentido lógico, ya que, si no hubiera pasado el tren, el tramo no hubiera colapsado en ese momento.

El siguiente paso es identificar la *condición causal*, es decir el fenómeno físico que haría que, al pasar el tren, la trabe compuesta, que es el apoyo principal del tramo elevado, se flexionara y fracturara. De acuerdo con la disciplina de la mecánica de materiales, un cuerpo sólido sometido a cargas sólo puede deformarse plásticamente y fracturar por una o la combinación de las siguientes condiciones:

a) Los materiales de la superestructura del tramo elevado no tienen resistencia suficiente para soportar los esfuerzos normales de la operación.

b) La carga en el paso elevado fue superior a su resistencia estructural real.

c) Existió una condición introducida con posterioridad a la construcción de la superestructura del paso elevado que redujo su resistencia a un nivel igual o menor que las cargas normales de operación.

El hecho de que el tramo elevado de la Línea 12 haya soportado el paso de trenes miles de veces, además de haber resistido sismos de gran magnitud y, además, que las sobrecargas introducidas durante los trabajos de mantenimiento realizados previo a la falla no hayan causado el colapso del paso elevado, indica que los materiales de la trabe compuesta, en su conjunto, tenían la resistencia suficiente para soportar, como mínimo, el paso del tren en condiciones normales de operación, por lo que, como resultado del análisis metodológico efectuado en el presente estudio, se descartaron las condiciones a) y b) mencionadas como causas del accidente. En cuanto a la condición c), esta es la única que haría que el paso de un tren en condiciones normales cause el colapso del paso elevado después de haber soportado el paso de trenes miles de veces, por lo tanto, la reducción de la resistencia de la superestructura con posterioridad a su construcción es la <u>única</u> condición prevalente.

En el Dictamen Preliminar -Fase I de DNV, se afirma que una posible causa de la falla es la falta de pernos Nelson o su mala instalación. En el apartado A1.2 del Anexo 1 (Análisis de la Condición de los Elementos Estructurales Posterior a la Falla) de este estudio, se demostró que, para que el paso elevado estuviera en riesgo de colapso con motivo de una insuficiencia o mala instalación de los pernos Nelson, tendrían que haberse dejado de instalar, o haberse instalado incorrectamente, más del 70% de los pernos que, según

50

8. En los instantes posteriores a la flexión lateral del alma de la trabe Norte, el sistema entra en un comportamiento dinámico debido a la aceleración de la gravedad, por lo que, a mayor deformación, menor resistencia de las trabes y mayor aceleración de la caída, lo que incrementa las fuerzas dinámicas, según la Segunda Ley de Newton (Fuerza = Masa x Aceleración), haciendo que el proceso ocurra muy rápido y en menos de dos segundos el tramo colapse por completo.

9. Este comportamiento dinámico fue el causante de varios de los daños observados en los elementos estructurales de la superestructura colapsada, como son el desprendimiento de las bases soldadas de los pernos Nelson, el deslizamiento lateral de la losa de concreto, el arrancamiento de varillas en los capiteles de las columnas y algunas fracturas en el alma de la trabe Norte, siendo estas características, por lo tanto, efectos del colapso y no causas, como podría interpretarse a-priori.

Con base en esta línea de tiempo y dado que los cálculos de propagación de grietas por fatiga del contraventeo CV-1 del tramo elevado, coinciden de manera cercana con el lapso comprendido entre el sismo del 19 de septiembre de 2017 y la fecha del incidente 03 de mayo de 2021, existen elementos suficientes para establecer la siguiente causalidad que culminó en el accidente objeto de este estudio:

Durante y después del período de mantenimiento de 2014 a 2015 se registraron eventos de sobrecarga de la superestructura, tanto temporales, por uso de maquinaria pesada y el uso del tramo del accidente para las maniobras de estiba y trasvase de los materiales de la rehabilitación, como permanentes, como fue el incremento del peso muerto por el reacondicionamiento de las vías (uso de materiales más pesados). Además, se presentaron daños estructurales con motivo del sismo del 19 de septiembre de 2017 y otros sismos de magnitud significativa, que ocurrieron principalmente en la parte media del cruce elevado —estos se identifican como los *factores causales*.

Las sobrecargas y el incremento del peso muerto causaron sobresfuerzos y cargas de corte transversales, que generaron un proceso de falla por fatiga del contraventeo central CV-1, siendo éste el principal *factor contribuyente*.

La concomitancia de estos factores, causaron micro deformaciones del alma de las trabes Sur y Norte (las micro deformaciones[1] son del orden de 0.0008 mm/mm), generando un daño estructural imperceptible pero significativo desde el punto de vista de la resistencia de materiales. El daño estructural progresó paulatinamente debido a las cargas variables introducidas por el paso de los trenes, hasta que, el día del accidente, el alma de la sección media de la trabe Sur se flexionó lateralmente a un grado tal que entró en inestabilidad, plegándose hacia abajo y posiblemente fracturando también. Al ocurrir esto, la trabe Norte se sobrecargó más allá de su resistencia al flujo

---

[1] La deformación se calcula dividiendo el esfuerzo máximo por flexión de la trabe metálica sin contraventeo determinado en el apéndice A2.3, de 1580 kg/cm^2 dividido entre el Módulo de Young del acero (2,000,010 kg/cm^2).

Página 19 de 63

INMSYS.

los planos "como construidos" y la documentación relativa, indican que fueron efectivamente instalados en ese tramo de la superestructura y, aun así, no podría asegurarse que, de haberse dejado de instalar o instalándose inadecuadamente ese 70% de los pernos Nelson, ello hubiera sido la causa del accidente, ya que en ese supuesto no concedido, la superestructura hubiera fallado en los primeros viajes de trenes realizados tras la puesta en servicio del tramo elevado o, en todo caso, cuando la superestructura fue sobrecargada durante la rehabilitación.

Así, al no desaparecer la consecuencia (la falla de la trabe) a pesar de la omisión de esta causa hipotética consistente en la supuesta insuficiencia o indebida instalación de los pernos Nelson, es decir, si aun quitando la ausencia o defectos constructivos de los pernos Nelson el derrumbe del tramo subsiste, debe necesariamente descartarse esta condición como posible causa.

En adición a lo anterior, y como se desarrolla en el Anexo 1 del presente reporte, el concreto situado alrededor de los pernos no se advierte degradado ni desgastado, lo que indica que los pernos estaban fijos antes del accidente, y se observa que todos los pernos conservan su integridad estructural, estando libres de deformación plástica, corrosión o desgaste, por lo que no hay evidencia de que los pernos Nelson se hayan instalado defectuosamente ni que la cantidad de dichos componentes haya sido insuficiente.

Los cálculos de resistencia estructural y los análisis de fatiga presentados en este Reporte claramente demuestran que la sección compuesta de la superestructura del tramo elevado de la Línea 12, tenía la suficiente resistencia estructural y a la fatiga de sus materiales, para no fallar en servicio, por lo que la causa del accidente necesariamente consiste en una condición debilitante que no está relacionada con defectos constructivos o de diseño.

De acuerdo con las observaciones, cálculos y análisis realizados aquí, la única anomalía que cumplió los criterios cronológicos, lógicos y de evolución, con base en las leyes científicas del comportamiento mecánico de los materiales, fue la falla por fatiga del contraventeo CV-1 situado en la parte media de la superestructura, justamente en el plano de falla; no obstante, éste componente por sí solo no es suficiente para causar la falla, pues como se demostró en los cálculos estructurales presentados en la sección A2.3, del Anexo 2, esta característica debió coincidir con otra condición o evento como causa del accidente de la Línea 12. Debimos entonces identificar esta segunda condición como causa, bajo criterios de tiempo (cronológicos), de sentido común, e incluso bajo las "reglas de la vida", que son inferencias basadas en la experiencia cotidiana, conforme al análisis que a continuación se presenta.

En las descripciones y análisis anteriores quedaron plenamente demostrados los siguientes hechos:

1. La anomalía estructural causante del incidente se localiza en la parte media de la estructura compuesta del paso elevado.

plástico, flexionándose verticalmente en forma de bisagra. La flexión vertical de ambas trabes ya es muy rápida y el desplazamiento de ambas, jala la sección del lado Oeste de la trabe compuesta para sacarla de su apoyo en el capitel de la columna, causando su desplome, prácticamente en caída libre, mientras que la sección Este de la trabe permaneció apoyada en el capitel de la columna, por lo que al final del evento queda en posición inclinada.

La inestabilidad estructural es aquella condición en la que los componentes que forman una estructura están dispuestos o deformados de tal manera, que es susceptible de colapsar o derrumbarse al ser sometida a la acción de una carga, incluso dentro o por debajo de sus límites de diseño.

En el presente estudio se identificó que el daño estructural en el alma de las trabes metálicas previo al colapso era indetectable; esto es debido a que el espesor del alma de la viga de acero es de 13 mm y su altura de 1611 mm, por lo que basta con que el alma se incline 0.46° (grados) para que el centro de gravedad quede fuera del cuerpo de la viga. Para un observador situado a nivel de piso, como la trabe está a más de ocho metros de altura, el ángulo se reduce de 0.46° a 0.05°, lo que lo hace imperceptible al ojo humano e incluso a la resolución de los instrumentos de medición dimensional comunes, de manera que la flexión plástica del alma de la viga de acero no podía haber sido detectada en las revisiones visuales realizadas a la estructura.

La micro deformación que provocó la inestabilidad de las trabes de acero del paso elevado de la Línea 12 accidentado, únicamente podría haberse detectado a través de técnicas de inspección de extensometría eléctrica, medición de esfuerzos residuales por técnicas de difracción de Rayos-X, o fotogrametría de alta resolución (submilimétrica); técnicas que no son aplicables en la revisión normal de la superestructura del tramo elevado dada su dificultad técnica de realización, ya que requiere de instrumentos sofisticados, personal altamente capacitado y por las complicaciones del trabajo en altura.

La indetectabilidad de los daños estructurales que derivaron en el colapso del tramo elevado de la Línea 12 analizado aquí conduce a establecer que el accidente, fue de carácter fortuito, debido a que no se pudo prever, por no haberse podido detectar conforme a los métodos normales de inspección de puentes y viaductos elevados, que se limitan a inspecciones oculares y a mediciones dimensionales con estación total o fotogrametría (conocida como "nube de puntos"), que en el mejor de los casos tiene resoluciones del orden de milímetros, cuando se realizan a distancias de varios metros.

INMEYS, Ingeniería Mecánica y Estructural de Servicios de Ingeniería

2. La falla fue gradual y no pudo haber sido causada por un defecto constructivo en la sección compuesta, toda vez que el accidente ocurrió después del paso de trenes miles de veces y soportó varios eventos de sobrecarga. Adicionalmente, los cálculos de tiempo de falla por defectos constructivos en la sección compuesta indican valores mucho menores que el valor real (2480 días de operación) es decir, de haber existido una falla constructiva en dicha sección, se hubiera presentado una falla en la misma mucho tiempo antes del 3 de mayo de 2021, lo que permite descartar las deficiencias de diseño y constructivas como causas de la falla.

3. Se observaron dos eventos anormales en el historial operativo de la Línea 12, que fueron: primero, las actividades de rehabilitación entre marzo de 2014 y noviembre de 2015, que introdujeron importantes sobrecargas en la superestructura del paso elevado, debido al uso de materiales de mayor peso y de trenes de mantenimiento de mayor peso que los trenes de operación y, segundo, el sismo de gran magnitud ocurrido en 2017, que produjo daños ostensibles en varios componentes estructurales del tramo elevado.

4. El modo de falla de la estructura metálica del tramo elevado accidentado fue por deformación plástica tipo bisagra de las trabes metálicas, donde el alma de la trabe Norte presentó flexión lateral y la losa de concreto permaneció conectada a las trabes en los dos segmentos Este y Oeste, con excepción de una longitud corta cerca de la zona de ruptura, la cual presenta características de haber ocurrido por fuerzas dinámicas durante el desplome de la estructura.

De acuerdo con los hechos arriba mencionados, se establece la siguiente línea de tiempo:

1. El 30 de octubre de 2012 inicia la operación de la Línea 12, pero a poco menos de dos años de operación, se observa el desgaste ondulatorio excesivo de los rieles, por lo que el Sistema de Transporte Colectivo Metro suspende la operación el 11 de marzo de 2014.

2. En el periodo del 11 de marzo de 2014 al 25 de noviembre de 2015, se realizan trabajos de rehabilitación de los materiales de vía, conformada por rieles, sujetadores, durmientes y balasto, entre otros, para lo cual se emplean trenes y maquinaria de gran peso. Se sabe que los nuevos materiales y accesorios son al menos 24% más pesados que los originales, además de que fue precisamente el tramo elevado en donde ocurrió el accidente, el área que se utilizó para realizar las maniobras de estiba y trasvase de los materiales de mantenimiento, incrementando con ello significativamente la carga en la superestructura de ese tramo durante el periodo de dichas maniobras.

3. A partir de la reapertura de la Línea 12, el 15 de noviembre de 2015, la superestructura opera bajo un sobrepaso de cargas muertas 24% mayor a las originalmente proyectadas por el cambio de materiales efectuado durante la rehabilitación, y las mismas cargas vivas originales, porque los trenes siguen siendo los mismos, así como la afluencia de pasajeros, pero hay evidencia de que se causaron ciertos daños estructurales, como pandeo (flechamiento) de las trabes de algunos tramos y daños de los contraventeos de los pasos elevados. Cabe mencionar que el flechamiento de la trabe reportado, principalmente en las redes sociales, en el tramo accidentado, es un indicativo de la sobrecarga aplicada en 2015

4. Después de la inauguración de la Línea 12, se han presentado varios sismos de magnitud significativa, y específicamente con motivo del al sismo del 19 de septiembre de 2017, se presentaron daños estructurales en una columna (59) y en un claro situado en el tramo entre la estación Zapotitlán y La Nopalera, los cuales fueron reforzados y no presentaron afectación alguna el día del accidente. En este periodo también se realizó una inspección visual de todo el tramo elevado sin encontrar otros daños.

5. Posterior al sismo del 19 de septiembre de 2017, se reporta por parte de operadores del Metro y en redes sociales, que había anomalías en el tramo elevado del accidente. En el presente análisis se verificó que, desde julio de 2019 se observaba pandeo del contraventeo CV-1 situado en la parte central del tramo elevado del accidente. Cabe aclarar que el agrietamiento por fatiga del contraventeo CV-1 era indetectable debido a la finura de la fisura y por su posición oculta a la vista.

6. Se infiere que desde su formación y hasta el momento previo al incidente, el 3 de mayo de 2021, la flexión del contraventeo CV-1 incrementó los esfuerzos transversales al plano horizontal (como se demuestra en el cálculo estructural), lo que redujo la capacidad rigidizante del contraventeo y las trabes presentaron flexiones laterales, especialmente la del lado Norte.

7. El día del accidente, la flexión repetitiva del alma de la viga armada de acero del lado Norte del tramo elevado, se acumuló a tal punto que su centro de gravedad se desplazó fuera del centroide, generando una inestabilidad estructural suficiente para que, con el paso de un solo tren en la vía Sur, el alma de la viga se flexionara súbitamente, perdiendo por completo su resistencia estructural. Como las dos vigas Norte y Sur están conectadas mediante la losa de concreto (la conexión se logra precisamente con los pernos Nelson, de modo que, si estos hubieran sido insuficientes o defectuosos, la conexión estructural de las trabes hubiera sido menos efectiva), la flexión de la trabe Norte jala hacia abajo a la trabe Sur, causando su pandeo.

INMEYS

8. En los instantes posteriores a la flexión lateral del alma de la trabe Norte, el sistema entra en un comportamiento dinámico debido a la aceleración de la gravedad, por lo que, a mayor deformación, menor resistencia de las trabes y mayor aceleración de la caída, lo que incrementa las fuerzas dinámicas, según la Segunda Ley de Newton (Fuerza = Masa x Aceleración), haciendo que el proceso ocurra muy rápido y en menos de dos segundos el tramo colapse por completo.

9. Este comportamiento dinámico fue el causante de varios de los daños observados en los elementos estructurales de la superestructura colapsada, como son el desprendimiento de las bases soldadas de los pernos Nelson, el deslizamiento lateral de la losa de concreto, el arrancamiento de varillas en los capiteles de las columnas y algunas fracturas en el alma de la trabe Norte, siendo estas características, por lo tanto, efectos del colapso y no causas, como podría interpretarse a-priori.

Con base en esta línea de tiempo y dado que los cálculos de propagación de grietas por fatiga del contraventeo CV-1 del tramo elevado, coinciden de manera cercana con el lapso comprendido entre el sismo del 19 de septiembre de 2017 y la fecha del incidente 03 de mayo de 2021, existen elementos suficientes para establecer la siguiente causalidad que culminó en el accidente objeto de este estudio:

Durante y después del periodo de mantenimiento de 2014 a 2015 se registraron eventos de sobrecarga de la superestructura, tanto temporales, por uso de maquinaria pesada y el uso del tramo del accidente para las maniobras de estiba y trasvase de los materiales de la rehabilitación, como permanentes, como fue el incremento del peso muerto por el reacondicionamiento de las vías (uso de materiales más pesados). Además, se presentaron daños estructurales con motivo del sismo del 19 de septiembre de 2017 y otros sismos de magnitud significativa, que ocurrieron principalmente en la parte media del cruce elevado —estos se identifican como los *factores causales*.

Las sobrecargas y el incremento del peso muerto causaron sobresfuerzos y cargas de corte transversales, que generaron un proceso de falla por fatiga del contraventeo central CV-1, siendo éste el principal *factor contribuyente.*

La concomitancia de estos factores, causaron micro deformaciones del alma de las trabes Sur y Norte (las micro deformaciones[1] son del orden de 0.0008 mm/mm), generando un daño estructural imperceptible pero significativo desde el punto de vista de la resistencia de materiales. El daño estructural progresó paulatinamente debido a las cargas variables introducidas por el paso de los trenes, hasta que, el día del accidente, el alma de la sección media de la trabe Sur se flexionó lateralmente a un grado tal que entró en inestabilidad, plegándose hacia abajo y posiblemente fracturando también. Al ocurrir esto, la trabe Norte se sobrecargó más allá de su resistencia al flujo

---

[1] La deformación se calcula dividiendo el esfuerzo máximo por flexión de la trabe metálica sin contraventeo determinado en el apéndice A2.3, de 1580 kg/cm² dividido entre el Módulo de Young del acero (2.000.010 kg/cm²).

INMEYS

plástico, flexionándose verticalmente en forma de bisagra. La flexión vertical de ambas trabes ya es muy rápida y el desplazamiento de ambas, jala la sección del lado Oeste de la trabe compuesta para sacarla de su apoyo en el capitel de la columna, causando su desplome, prácticamente en caída libre, mientras que la sección Este de la trabe permaneció apoyada en el capitel de la columna, por lo que al final del evento queda en posición inclinada.

La inestabilidad estructural es aquella condición en la que los componentes que forman una estructura están dispuestos o deformados de tal manera, que es susceptible de colapsar o derrumbarse al ser sometida a la acción de una carga, incluso dentro o por debajo de sus límites de diseño.

En el presente estudio se identificó que el daño estructural en el alma de las trabes metálicas previo al colapso era indetectable; esto es debido a que el espesor del alma de la viga de acero es de 13 mm y su altura de 1611 mm, por lo que basta con que el alma se incline 0.46° (grados) para que el centro de gravedad quede fuera del cuerpo de la viga. Para un observador situado a nivel de piso, como la trabe está a más de ocho metros de altura, el ángulo se reduce de 0.46° a 0.06°, lo que lo hace imperceptible al ojo humano e incluso a la resolución de los instrumentos de medición dimensional comunes, de manera que la flexión plástica del alma de la viga de acero no podía haber sido detectada en las revisiones visuales realizadas a la estructura.

La micro deformación que provocó la inestabilidad de las trabes de acero del paso elevado de la Línea 12 accidentado, únicamente podría haberse detectado a través de técnicas de inspección de extensometría eléctrica, medición de esfuerzos residuales por técnicas de difracción de Rayos-X, o fotogrametría de alta resolución (submilimétrica); técnicas que no son aplicables en la revisión normal de la superestructura del tramo elevado dada su dificultad técnica de realización, ya que requiere de instrumentos sofisticados, personal altamente capacitado y por las complicaciones del trabajo en altura.

La indetectabilidad de los daños estructurales que derivaron en el colapso del tramo elevado de la Línea 12 analizado aquí conduce a establecer que el accidente, fue de carácter fortuito, debido a que no se pudo prever, por no haberse podido detectar conforme a los métodos normales de inspección de puentes y viaductos elevados, que se limitan a inspecciones oculares y a mediciones dimensionales con estación total o fotogrametría (conocida como "nube de puntos"), que en el mejor de los casos tiene resoluciones del orden de milímetros, cuando se realizan a distancias de varios metros.

5. CONCLUSIONES

En conclusión, el análisis de causalidad elaborado aquí determina que la *causa inmediata* del accidente de la Línea 12 fue la *sobrecarga* de la superestructura, durante y después del periodo de mantenimiento de 2014 a 2015, en combinación con los daños estructurales introducidos por varios sismos, en particular el del 19 de septiembre de 2017, que causaron sobresfuerzos y cargas de corte transversales en la parte media de la superestructura del cruce elevado, que a su vez generaron la distorsión microscópica del alma de las trabes Sur y Norte y un proceso de falla por fatiga del contraventeo central, siendo ésta última la *causa contribuyente*. Este daño estructural progresó paulatinamente debido a las cargas variables introducidas por el paso de los trenes, hasta que el día del accidente el alma de la sección media de la trabe Sur se flexionó lateralmente, entrando en inestabilidad estructural, por lo que se dobló hacia abajo y con ello, la trabe Norte se sobrecargó más allá de su resistencia al flujo plástico, flexionándose en forma de bisagra y jalando la sección del lado Oeste de la trabe compuesta para sacarla de su apoyo en el capitel de la columna respectiva, mientras que la sección Este de la trabe permaneció apoyada en el capitel de la otra columna, quedando la estructura del paso elevado en la forma como se registró al finalizar el desplome y con las consecuencias ya conocidas.

HOJA DE FIRMA

SE FIRMA EL PRESENTE REPORTE RELATIVO AL ANÁLISIS DE CAUSALIDAD DE LA FALLA DE LAS TRABES DEL TRAMO ELEVADO ENTRE LAS ESTACIONES OLIVOS Y SAN LORENZO TEZONCO DE LA LÍNEA 12 DEL SISTEMA DE TRANSPORTE COLECTIVO METRO DE LA CIUDAD DE MÉXICO A LOS DIECIOCHO DÍAS DEL MES DE AGOSTO DEL DOS MIL VEINTIUNO EN LA CIUDAD DE MÉXICO.

Elaboró

Dr. Jorge Luis González Velázquez

Doctorado en Ciencias en Metalurgia

Cédula Profesional 10578552

¿Quién quitó los pernos?
El desplome de la Línea 12 del Metro
de Fernando Coca Meneses,
se terminó de imprimir el mes de junio de 2022.

Interiores en papel cultural acremado de 60 g,
forros en cartulina sulfatada de 225 g.

Tipografía: Gill Sans, en 11 y 10 pt.